まちにとけこむ 公認心理師

ひろがる心理支援のかたち

Certified Public Psychologists in the Community

Expanding Psychological Support

津川律子
遠藤裕乃
＝編

日本評論社

はじめに

自分の住む地域にいる専門職は？　と問われたら、保育士、学校の先生、歯医者、ドライバーなど、たくさんの職種が挙がり、どれも大きな違和感はないであろう。そして、残念なことに、心理士という答えは挙がらないことが予測される。

また、尊敬できる専門職は？　と問われたら、弁護士が回答から欠けることはないであろう。そして、ここでも残念なことに、心理士という名前は挙がらないことが予測される。ストレスやトラウマという言葉が日常化し、心理的な面の大切さが強調されるようになって久しいように感じるが、心理士はまだコミュニティの中で自然に発想される職種とはなっていないように思われる。

一方、第一回の公認心理師試験が実施されたのが二〇一八年九月九日で、初めて公認心理師登録証が発送されたのが二〇一九年二月一八日であり、四年以上経過したことになる。まだ四年、と考えることもできるが、臨床心理士制度ができ、臨床心理士第一号が誕生したのが一九八八年一一月一〇日であることを勘案すると、そこから約三五年が経っていることになる。三五年前といまとで大きく変わっていることは、学校にスクールカウンセラーがいるのが特別なことではなくなり、震災や社会的事件に際して心理士が活動するのも特別なことと捉えられないようになった、などであろう。

しかし、冒頭に記したように、まだ心理士はコミュニティの中の自然な存在と発想されるには至っていない。それでは、心理士はコミュニティにいないのだろうか。その問いに対する答えのごく一部が本書である。

本書で登場する公認心理師の活動は、日本の北から南まで海外での活動も含んでいる。大きめの施設もあれば、小さなところもある。対象年齢も、こどもから高齢者まで幅広い。活動の対象も、一般の生活者はもとより、被害者、加害者、精神障害者、ひきこもり、発達障害、高次脳機能障害、認知症など多彩であり、学校そのものの支援や自治体との連携協働なども含まれている。

どの章も一つの章で完結して読めるようになっているので、読者は関心をもった章をパラパラとめくってほしい。目に入った箇所だけを拾い読みしてもいい。当初、読みやすい気軽な本をイメージして編集したが、結果として本格的な専門書といえるものにもなった。いずれにしても、『まちにとけこむ公認心理師―ひろがる心理支援のかたち』というタイトルが内容を端的に象徴しているように思われる。

最後に、全一一章の執筆者は他の章を読まずに執筆している。しかし結果として、偶然とは思えぬ共通項があるように編者としては感じている。それは何か。ここでお仕着せの表面的な回答は書かない。読者が何かを感じとっていただければ、それは望外の幸せである。

二〇二三年一〇月

津川律子

まちにとけこむ公認心理師◎目次

1

他人の困りごとを解決する旅

小林奈穂美
カウンセリングルームさくら

カウンセリングルームを開業して一六年以上が経過した。今回、このような機会をいただいたので、「開業したいがどう準備していけばよいのか思いつかない」というお困りごととして考えてみた。というのも、私のカウンセリングルームは、「認知行動療法専門」とうたっている。それだけに「人々の生活上のお困りごとに対して、クライエントと一緒に考え解決の方向に導く」スタイルが身についている。

街中で独立開業したというからには、とても高い志をもって始めたのだろう、と想像する方も少ないかもしれないが、そうでもない。むしろ、その時々で与えられた課題の解決に没頭し、ほどよいところで手を抜こうにも抜けずに取り組んできた結果、さまざまなテーマについて経験値があがり、勢いで、本格的な開業心理士という領域に踏み込むこととなった、という表現がふさわしい。あれこれ苦労もあるが制約は減った。

そんなわけで、私が臨床心理士を目指した経緯について先にお話をしたほうが良さそうだ。

臨床心理学を学ぶまで

私の経歴そのものは典型ではないので、あまり直接的に参考にはならないと思うが、お付き合いいただきたい。

大学時代、米国に留学した。専攻は社会科学であった。米国に渡ったときにとても驚いたことがあった。それは家族のあり方だった。離婚家庭が日本とは比較にならないほど多かった。ホストファミリーとして二軒お世話になったが、いずれも離婚家庭で、二軒目はなんと「七度目の結婚だ」と胸を張って話された。

大学の授業でも、人間学の教授が「この中で、離婚家庭出身の人」という質問をしたところ、二百名ほどのクラスメンバーの半数以上が、隠そうとする様子もなく、笑顔を浮かべて手を挙げた。この光景は留学間もなかった私にとって衝撃的なことで、この社会はいったいどうなっているのか？　と思ったものである。

標準的な家庭でもそうであるくらいだから、福祉が必要な層になると、もっと深刻だった。シニアイヤー、つまり大学の最終学年に実習生として半年間勤めた福祉施設で、その実態を目の当たりにすることになった。そこはドメスティック・バイオレンス（DV）被害女性を保護するシェルターを管理する施設で、DVを受けた女性を一時保護し、必要な支援施設につなぐ役割も担っていた。アメリカのDV法（家庭内暴力防止法）の制定は、ちょうど私が留学した年の一九八九年にミシガン州で起きた女優さんの殺害事件がきっかけだった。殺害の前に長期にわたるDVがあったことがのちにわかり、一九九四年にDV法が制定された。

ここでの勤務期間中、スーパーバイザーと一緒に、ある古着屋の裏部屋に避難してかくまわれていたDV被害女性の子どもを保護しに行ったことがあった。その後、裁判所での手続きや子どもの転校手続きなどあっという間に進んでいく様子を一緒に見せていただいた。

保護された被害者女性とその子どもは一時保護のシェルターでしばらく暮らすことになる。そこにつながるドアは、鉄の二重扉になっており、弾丸が貫通しない強度になっていた。もちろん担当者しか中に入れないようなセキュリティーになっていた。中に入ると、複数の部屋があり、ある程度快適に過ごせるスペースがあった。建物の地下には、一時保護した子どもたちを預かるデイケアがあった。

日中、保護された女性たちは、子どもたちをデイケアに預け、グループ治療を受けることになっていた。ＤＶ被害の心理教育セッションを受けたり、グループでお互いの体験を話し合ったりするのである。今から三〇年ほど前から、そのようなプログラムが試みられていた。

私は実習生としてセッションの準備などの手伝いをしていた。あるとき、その母親たちの子二名を一日担当することになった。会話の流れは覚えていないが「あなたたちのお父さんは？」と聞いたことがあった。今思えば、配慮に欠けた質問であった。一人の子は「どのお父さん？」と尋ね返した。「生物学的父親（Biological Father）か、養父（Step Father）か」とか「何番目の（Which one）？」とか、にこにこした表情で応じてくれた。強い罪悪感と同時に、米国社会はどうなっているのか？　という失望感を覚えた。他方で、このような人たちの役に立てるようになりたい、とも思った体験でもあった。

そのような思いを持ちつつも、卒業後に日本に帰国し、英語を使った仕事をしたいと考え、外国企業の日本支社に勤めた。世界での社員数が当時九万人、世界七〇ヵ国に拠点をもつ大企業だった。最初の上司は韓国人で、その後はフランス人、アイルランド人、アメリカ人と複数の上司のもとで働いた。世界中からやってくるトップマネージャーたちや、現場で働く各国のエンジニアたちと接する仕事で、休日には彼らに同伴して観光案内などもしたことがある。また、研修で複数の国に出張する機会があり、秘書から財務まで二〇代でさまざまな経験を積んだ。この財務や人事の経験が、今、カウンセリングルームを経営するにあたって役立つとは、当時は思いもしなかった。

出張中に学生暴動が起き、滞在中のホテルから外出禁止令が出たことがあった。遠くで爆発が起きているのを不謹慎ながら興奮して見ていたところ、他国から来た同僚が「私たちの国では日常茶飯事よ」と教えてくれた。緊急閉鎖された道路を特別車に乗って空港までたどり着き、帰国の手配をしてもらったこともあった。平和な国に暮らしていることを実感したものである。

そのような生活をしつつ、三〇歳を迎えた頃に「やはり、やりたかった分野に進むべきでは？」と考えるようになった。そして私が臨床心理を学ぶために大学院に進学したのが、三三歳のときであった。

大学からストレートで進学した十歳も年下の同期のメンバーの中で学ぶ体験も貴重で、指導教官にも恵まれた。特に、所属していた臨床心理分野と並行して、特別支援教育分野の教授にも教えを受ける機会をいただいた。大学院に進学する前の数ヵ月間、自閉症児のトレーニングの見学をさせていただき、進学後は、二年間、自閉症児の行動分析のトレーニングを週二回、計画から実践まで毎週継続して取り組んだ。この経験が、大学院終了後にスクールカウンセラーとして勤務した際に、大いに役立った。

カウンセリングルーム開業

スクールカウンセラーとしては三年目、社会人としては一五年目にあたるときに、週末だけの開業を始めた。その頃、周囲ではステップアップのための転職を果たしたり、ビジネススクールに進学したりする人が多かった。彼らの話を聞くたびに、「自分がやりたいことをやっている人たちのモチベーションの高さ、活き活きしている姿」に感銘を受けた。それが後押しとなり、とうとうスクールカウンセラーを週五日やりながら、週末だけの開業に踏み切った。

設立は二〇〇七年、個人開業の届け出をした。税務署に開業届を提出するだけでよい。簡易なホームページは、ネットの無料サイトを参考にしながら作成した（当時は動画がなかった！）。費用はほとんどかかっていない。場所は、祖母がかつて経営していたアパートがあったので、銀行ローンを組んで大幅リフォームをした。中には待合室と一部屋だけ。家具はデスク、テーブルと四脚の椅子、電話とパソコンだけだった。

最初の予約が入ったときのことは今でも忘れない。外出先で食事をしているときにメールが届いた。自分で作成したものとはいえ、クライエントからの初めての予約は飛び上がるほど嬉しく、何度もメールを見返した。数ヵ月は週二回の開設、一日四人くらいの予約だったが、それでも十分だった。

最初は一人で担当していたが、二年目からは協力を申し出てくれたスタッフも加わり、年々スタッフ数が増えた。現在は、県内に三ヵ所のオフィスを経営している。また、二〇一五年には法人化した。地域でも少しずつ弊社の存在が知られ始めていたため、法人化することでより信頼性が高まるのではないかと考えた。

何に重点を置いたのか

一つは、メンタルヘルスに関する話題がより人々に身近になるような活動をすること。メンタルヘルスの話題は、なかなか日頃見聞きできるものではなかった。初めて県民向けにメンタルヘルス講座の開催について新聞社に広告を掲載したところ、当日は定員を超える申し込みがあった。驚きのほうが大きかったが、うつ病に関する認知行動療法講座は大盛況に終わった。アンケート結果も良好で、それ以降は定期的に講座を開催してきた。メンタルヘルスの講演は、教育、司法、産業、福祉および省庁からのお声がけもあった。

二つ目は、人々のニーズに柔軟にこたえられるような場所でありたいということ。スクールカウンセリングに携わって思ったのが、専門機関との連携のしにくさであった。スクールカウンセリングは、当然であるが、学校長の許可がなければ、自己判断で外部の専門機関と連携することが難しい。緊急でつなぎたいと思うケースも、一度校内で検討し、専門機関につなぐ必要がある。つまり時間がかかる。

自社でのメリットは、自分で判断し、そのケースに必要だと思われる機関に直接連絡をして連携が取れる。たとえば、うつ病や強迫症だと思われるケースには、すぐに専門のクリニックをクライエントに紹介でき、情報提供書も自社で作成できるため、見立てから介入方針を立て、必要な機関に素早く対応できる。必要時にどの連携機関につなげばよいかという情報を集めることが大切だが、意外なことに、クライエントたちから、それに関連した情報が入ってくるようになる。いわゆるクチコミである。クライエントたちの情報は時に彼らのニーズに合ったものであるため、大抵の場合、評判通りのところにつなぐことができるようになっていく。

三つめは、私たちの「売り」である、認知行動療法という専門性の追求と還元である。弊社のスタッフは全員認知行動療法の専門資格を有し、日々研鑽している。ほぼ毎年の学会参加に加え、各種研修は欠かさずに参加してきた。また社内でも定期的な事例検討会を開催し、発表事例を聞いて相互に学ぶ機会を設けてきた。幸い、県内で認知行動療法を専門にしているカウンセリングルームがほかになかったこともあり、さまざまな方面からお声がかかり、医療、教育、司法、産業、福祉の各種領域からの講演や研修の依頼が絶えなかった。こうした活動の積み重ねがよりいっそう地域で知られていき、今日があると思われる。

専門性の確立

こうしてカウンセリングルームを経営する中で、自分自身の専門性の確立についても考えてきた。

心的外傷後ストレス障害（ＰＴＳＤ）の専門治療法の基礎トレーニングを国内で受けた後に、二〇一八年に単身渡米し、ペンシルバニア大学のＣＴＳＡというセンターで、ＰＴＳＤの持続エクスポージャー療法の創始者であるＥ・Ｂ・フォア博士が開催する五日間の研修を受け、トラウマ治療の専門資格を取得した。大学時代に実習生として勤務した際に担当したＤＶ被害者や児童虐待被害者の治療を可能とする資格である。

その結果、今はトラウマ治療の専門家として活動することができている。

最終目標

開業をして以来、常に懸念材料だったことが二つある。一つは「カウンセリングの料金が高い」ということ、もう一つは「カウンセリングにさえ来ることができない、精神疾患を抱えて自宅にこもっている人たちにどのように対処するか」ということであった。

　一つ目は、カウンセリングを継続したいのに、経済的に続けることができずに途中で断念せざるを得ない方たちがいた。精神疾患を抱えて来談する方は圧倒的に多く、精神科や心療内科に通院しながらカウンセリングを受けるわけだが、医療保険が適用されている精神科やクリニックには保険が適用されるため継続で通えても、実費になるカウンセリングは一回ごとの料金が高い。子どもの相談の場合は、その親たちが負担することになる。仕事を失職中、もしくは休職中の方々や、学生、低所得者層の方々には、サービスを提供したくても、それがかなわないことがあった。しかし、私たちも生活があるわけなので、料金を低くすることもできないジレンマがあった。

　二つ目は、たとえば、ひきこもり、強迫症やパニック症などで、家を出るまでに時間がかかりすぎて来談が困難だったり、電車やバスに乗れないためにカウンセリングルームまでくることができなかったりする方々も多くいた。電話で何度も「訪問はできませんか、お金は支払いますから」と涙ながらにお問い合わせをいただいたこともあった。認知行動療法では、クライエントと一緒に電車に乗ったり、店に行ってエクスポージャー法（不安・恐怖にさらし、儀式行為を行わない）などを行ったりはするので、時に「訪問」という形をとっていたこともあったが、ケースが増えるにつれ、そうした時間も取りにくくなっていた。依頼をお断りするたびに、「せっかくこうして依頼してくれているのに、傲慢になっているのではないか」と罪悪感に苛まれたこともあった。

何かよい方法はないのかと思いながら日々の臨床に忙殺されていたときに、本当に偶然ではあったが、強迫症のクライエントに同伴して、ある看護師さんがカウンセリングにやってきた。一緒に強迫症の治療について教えてもらいたいというご要望だった。自宅での強迫行為が頻回で、外出が困難なクライエントだったため、看護師さんの話を受け、後日一緒にそのクライエントの自宅にうかがった。実際に、どの場所で何回くらい儀式をしてしまうのか、いつもはどの場所に座っていて何が気になってしまうのか、というのをクライエントの日常のまさにその場でアセスメントできたことは大きな出来事だった。カウンセリングルームで聴き取りをして、その方の生活を「想像しながら」アドバイスをし、宿題を設定して、次のセッションまでにクライエントに取り組んできていただくのが標準的な認知行動療法ではあるが、このクライエントのご自宅にうかがった際、大学院時代にプレイルームで自閉症児の常同行動を観察しながらトレーニングを行い、最終的に汎化を促すために自宅にうかがいトレーニングを行った記憶がよみがえった。「そうだ、スキルを汎化させるためには、その問題行動が生起している場所で行うトレーニングが一番有効だと学んだじゃないか」と。一度ご自宅にうかがうと、自分自身も、自宅内がどうなっているのかイメージがしやすくなるので、課題も出しやすくなった。何より、クライエントとの情報共有がスムーズになった。

この経験から「どうして看護師さんは訪問することができるのか」ということを考え始め、それに関する情報を集め始めた。必要なセミナーを受け、「訪問」を実現するにはどんなことが必要なのか、何をそろえればやれるのかを詳しく調べた。最終的に行き着いたのが「訪問看護」という仕組みであった。これはその名のとおり「看護」なので、心理師ではなく看護師が行っているものである。訪問介護という部門と訪問看護という部門があることがわかった。訪問看護も、その中に精神科に特化した訪問看護があることを知った。他方、経営者は必ずしも看護師でなくとも構わないということを学んだ。

そこからは「設立できる」ことを前提にして活動を始めた。私は昔から、できるかできないかと悩むより、先にゴールを決め、そこになんとかたどり着けるようにあれこれ情報を集め行動して何とかする、という方法をとるのが性に合っているようだ。構想から一年、準備を始めてから半年、なんとか申請までこぎつけた。

その後は看護師の募集をかけて三ヵ月後には設立をというタイミングで、なんと新型コロナウイルス感染症が拡大し、計画されていた設立に必要なすべての研修が急遽キャンセルとなった。このときほど真っ青になったことはなかった。全国どこの候補地に電話をかけても、当分の間、研修開催は見込めないとの返事だった。地元の会場も一年くらいは延期せざるを得ないのではないかという回答だった。指定申請を行って、あと少しというタイミングでの緊急事態であった。カウンセリングルームの施設内も、感染防止対策のために奔走することになった。対面で個室で行う私たちのようなサービスが一番恐れられるだろうと考えたので、特に感染対策には力を入れた。緊急事態のあおりをうけて、一時期、売り上げが減少し、焦りもあったが、幸い数ヵ月で状態は落ち着き、何とか夏ころまでには元どおりのペースに戻った。

大変だったのは訪問看護のほうであった。設立直前に必要な研修がキャンセルという不測の事態に頭を抱えた。かなりの額の借金をして準備していたために、焦りしかなかった。しかし、あきらめずにいると、打開策につながる情報も入ってくるものだ。研修がオンラインで急遽開催されることになったのだ。即時申し込みをして、スタッフを滑り込ませた。その結果、予定より一ヵ月遅れではあったが、無事に訪問看護部門が認可されるに至った。ところが、その後の利用者獲得にもコロナの影響はあった。自宅に他人が訪問することに利用者側の抵抗があったのだ。こちらも秋頃には、少しずつ状況が見えてきた。よい人材の確保という課題、立ち上げ当初のキャッシュフローの課題など、紆余曲折を経て約三年経過した今は、ようやく、とても協力的なスタッフが定着してくれ、当初のニーズのとおり、自宅で支援を受けられるメリットが見え始めている。この三年は、コロナとの共存もあり、疲労困憊、よく乗り越えたと思っている。

開業するかどうか迷っている人のために

このように、経営というのは計画通りに行くことばかりではない。逆に言えば、どんなに慎重に準備しても、そのとおりにはいかないので、これから開業する人たちに伝えたいのは「ある程度準備ができたら、思い切ってやってみたらよい」。週一～二回から始めてみたらよい。うまくいかなければやめたらよい。一時休止するでもよい。何がよくなかったのかを明確にして、再挑戦すればよい。私はそのように考える。大事なのは経営そのものではなく、自分が誰のために、どんなニーズにこたえるためにそれを行っているのか、もしくは行いたいのか、である。自分がやってみたことは、成功も失敗もすべて経験として蓄積される。

クライエントの困りごとを共有し、それを解決に向けてこれまで取り組んできた。ずいぶん回り道はしたが、アメリカの大学時代にやりたいと思っていたことに携われていることに幸せを感じている。努力を続けてきてよかったと思っている。ここまで来るためには、一人では無理だった。長年、協力してくれているスタッフはもちろんのこと、生活を支えてくれた家族のおかげでもある。

そして、何より、カウンセリングルームを訪ねてきてくれるクライエントたちの存在である。

困りごとを解決するために、いろいろなところを訪ねても解決せず、「最後のとりで」「藁をもすがる気持ちで」「認知行動療法を専門にしていると聞いて」と来談動機はさまざまだが、ご縁あって弊社でお会いすることができた。開設当初は、ネットで調べて来談する方が多かったが、最近では、病院・クリニックや教育、司法、産業、福祉などからのご紹介、また以前来談していたクライエントからのご紹介で来られる方が増えている。少しは「まちにとけこむことができている」のかと感じている。

広く知られることになった反面、社会的な責任も大きくなっている。行政や警察が介入するようなケースも多く扱うようになっており、開業でのカウンセリングの経験とともに、私たち自身も成長させてもらっているのだろう。

最後に

これまで、臨床心理士および公認心理師を目指した経緯とカウンセリングルームを設立した経緯、また、カウンセリングルームを経営するにあたり大切にしてきたこと、重点を置いてきたことなどを紹介してきた。

二〇〇七年に開業した当時に比べると、今は開業されている方も増えている。新型コロナウイルス感染症拡大を受けて、オンライン化されたこともあり、カウンセリングも各種セミナーも全国どこからでも容易に受けることができるように変化してきた。こうした変化にも順応しながら、私たちもまた変化していかなければならないだろう。なぜなら、お困りの方々たちのニーズに沿って行くのが、私たちの仕事であるからだ。これからも、困っている人たちのお役に立てる、「まちにとけこむ公認心理師」でありたい。

2

高齢者の言葉に耳を傾ける

萩原幹子・黒川由紀子
黒川由紀子老年学研究所

老年学研究所の紹介

高齢者支援をめぐる問い
年を重ねた人のこころはどうなっているのだろうか。
年を重ねると、こころは円熟するのだろうか、未熟なままなのだろうか。

年を重ねた人のこころを支えることはできるのだろうか。

このような問いを持ち、大学病院、クリニック、老人福祉施設、有料老人ホーム、デイケアなどで仕事をしてきた。その後、高齢者を専門とする医療機関とのご縁を得て、その一部門として慶成会老年学研究所を開設し、二〇一九年まで約二〇年間運営してきた。

テーマは一貫して「老年期の心理臨床」である。高齢者と高齢者をとりまく人々の心理支援のあり方を模索してきた。「豊かに歳を重ねる手掛かりを得るために、早すぎることも遅すぎることもない」と考える(1)。

研究所の開業

このような中、医療機関から独立し、開業をするに至った。二〇一九年四月のことだ。きっかけは、医療機関の世代交替に伴い、研究所を閉じるとの通告を受けたことだった。母体から離れることになり「存続の危機」に陥った。「廃業か開業か」の選択を迫られた。検討の結果、個人事業として開業することとした。廃業の可能性もあったが、それまで積み上げてきた仕事があり、「高齢者の心理臨床」の実践、研究、教育・研修を行う機関が限られていて、他の心理職から「拠りどころにしている」との声も受け、「もう少しがんばってみよう」と考えたのである。先の医療機関との関係は、顧問の立場で継続している。

開業した地域、スタッフ

最寄り駅は赤坂見附。見晴らしのよいビルの七階にある。晴れた日には富士山が見える。近所には赤提灯が並ぶ豊川稲荷がある。早朝には僧侶たちが境内を掃き清める姿に出会う。豊川稲荷の場をお借りして、お寺と協働で「地域の方との回想法」を開催したこともあった。

研究所のスタッフは、公認心理師および／あるいは臨床心理士が常勤・非常勤計二名、協働スタッフが常勤・非常勤計三名である。連携している公認心理師がここでカウンセリングやグループワークを行うこともある。

慶成会老年学研究所

前身である慶成会老年学研究所は、病院・クリニックでの心理臨床をベースに、「臨床」「教育」「研究」を三本柱として活動を続けた。この他、区の認知症介護家族相談、阪神淡路大震災等被災地における高齢者支援、高齢者を支えるボランティア養成、地域での世代間交流回想法事業、中学・高校で「老い」をテーマとする授業、ビデオ教材開発、企業における老年学研修等、ニーズに応じて「老年」に関連する活動を行ってきた。

高齢期に特化

当研究所は対象者を高齢期に絞っていることが特徴である。東京には健康長寿医療センター等大きな機関があるが、民間の機関として高齢者に特化した場はあまりないかもしれない。主たる対象は、高齢者やその家族、高齢者にかかわる専門職である。クライエントは、当初は認知症に罹患した人と家族が大部分を占めていたが、認知症の人の治療やケアを行う機関が増えた現在、地域在住の比較的健康度の高い高齢者が多く集まるようになった。認知症であってもなくても、うつ病であってもなくても、年齢を重ねた人の心理的課題には共通項がある。病気や障害があればそれに配慮したかかわりが求められる。

開業とコロナ禍

開業のメリットは、「高齢者のこころを扱う場」として、より自由度高く機能する可能性があることだ。それまでも比較的自由に活動を行っていたが、いっそう自由度が高まった。それを十分に活かしたいと願う矢先にコロナ禍に見舞われた。新型コロナウイルス感染症は高齢者へのリスクが高いゆえ、大部分のプログラムを中断せざるを得なかった。

一方、コロナ禍のおかげで、ゆっくり立ち止まって考える機会を得た。「ペースダウン」「スケールダウン」を行い、できる工夫を話し合いながら仕事をしていた。高齢期は人生の中で「ペースダウン」「スケールダウン」が課題となる時期であり、老いのこころに向き合う貴重な機会を得たとも言える。

主な活動

当研究所では主に回想法を中心とした臨床、教育、研究を実施してきた。本項では特にグループ回想法とグループライフレビュー、ピアサポートグループを紹介する。

回想法の枠組み

回想法はバトラーが提唱した、主に高齢者を対象とした心理療法である[2]。黒川は回想法を「高齢者の過去の人生の歴史に焦点をあて、過去、現在、未来へと連なるライフヒストリーを傾聴することを通じ、その心を支えることを目的とする技法」だと述べている[3]。多くの場合、聴き手は支持的で共感的な側面を持つことが望まれる。現在、その実践は多様な形で広がっており、わが国ではうつ病の改善や個人の人格の統合を目指して行う心理療法的な取り組み以外にも、アクティビティとして高齢者施設や、病院、コミュニティセンターで行われることも増えてきた。

回想法はレミニセンス（Reminiscence）とライフレビュー（Life Review）の二つに大別される。

回想が中心となる点は共通するが、レミニセンスは一般的に楽しく、参加者をエンパワーする実践を指す。また、テーマは主に家族や学校生活、季節ごとのイベントなど非時系列的なものが選択される場合が多い。他方、ライフレビューは、より系統的に発達段階を構造的に振り返ることを特徴とし、セラピストと共にこれまでの歩みを整理し、味わうことで過去から現在、そして未来について考え、人生の再評価や自我の統合を目指す心理療法である。

より詳しい理論や実践については、文献[3][4][5][6]などを参考にしていただきたい。

グループ回想法の実践例

講座名：「華の会」

本項では当研究所で実施しているグループ回想法、「華の会」を紹介する。通算三年、五〇回以上継続している回想法グループである。

①対象

五〇代～八〇代の中高年七～九名。ホームページや口コミを通じて参加者を公募した。

②目的

同時代を生きる中高年が一堂に会し、回想する中で生まれてくる、年を重ねることへの期待や不安を含め、自由に安心して過去や現在、未来（老い）を語り、共有し、サポートし合う場づくりを目指している。また、前後にマインドフルネス瞑想を取り入れ、「今、この瞬間」に価値判断することなく気づく練習を続けている。人生の統合や、抑うつの軽減等の心理療法的な介入を主目的とはしていない。

③同席スタッフ

心理職二名、その他スタッフ二名。

④時間・頻度

二週間に一回、九〇分（一クール全八回）。

⑤プログラムの流れ

挨拶→マインドフルネス瞑想→近況報告→サイコロゲーム→回想法→休憩（お茶・菓子）→回想法→マインドフルネス瞑想→今後の予定共有→挨拶。

⑥テーマ

テーマは「祖父母の想い出」「両親」「子どもの頃」など過去を主軸としたものに加え、「今気になるニュース」「チャレンジしたいこと」「上手に年を重ねるには」など現在や未来を主軸にしたものも多く、過去、現在、未来の時制をいきつもどりつしながらこれまでの人生を味わい、これからを考える契機となるよう設定をしている。また、アンケートや講座で話された内容を考慮し、参加者の希望を取り入れている。

⑦回想法で取り入れているアクティビティ

マインドフルネス瞑想：マインドフルネス瞑想は、「『今ここ』の体験に気づき（awaresess）、それをありのままに受け入れる態度および方法」とされる[7][11]。当会では、会の始まりと終わりにマインドフルネス瞑想を実施している。マインドフルネス瞑想を会の開始時に導入する一つの目的は意識を日常から切り離し、会（今ここ）に目を向けることである。「気持ちのよい瞬間」「わくわくするとき」「迷うとき」などのテーマを設定し「今この瞬間」の考えやからだの感覚・感情に気づきを向ける。また、会の締めくくりには短い呼吸法を行い、回想法の参加者同士が語り合う中で生起した情動を「今ここ」に焦点を当てることで落ち着かせ、再度日常に戻る過程の一つとして実施している。

表2-1　サイコロゲーム
テーマ例

「か」から始まる単語
私のほっとする時間
数字が入る四字熟語
花の名前
「ご」で終わる３文字の単語
言葉の並び替えゲーム

サイコロゲーム：サイコロゲームは、回想法を始める前に行っている全員参加型のゲームである。参加者の「脳トレーニングをしたい」という希望によって実施するようになった。一～六の目それぞれに決められたテーマに沿って六〇秒以内に六個回答してもらう。テーマの例を表２－１に示す。あくまでも回想法がメインの会であるので、「脳トレ」が主ではない。「語の流暢性」「思考の柔軟性」「処理速度」「記憶」などにアプローチしつつ、楽しみながら脳の活性化を促す試みを行っている。

グループライフレビューの実践例

講座名

「自分史年表講座―楽しみながら誰にでもできる」

①対象

四〇代～八〇代の中高年三～四名。ホームページや口コミを通じて参加者を公募した。

②目的

自分史年表・エッセイ作成を手段とし、グループライフレビューを通じ人生の意味や価値を再考、自己を再認識し未来につなげること。

③同席スタッフ

心理職二名、その他スタッフ二名。

④時間・頻度

二週間に一回、一二〇分（全八回）、その一、二ヵ月後にフォローアップ講座を一回設けた。

⑤プログラムの大枠

参加者は自分史年表および自分史エッセイの作成が宿題として課される。会では参加者が各々宿題として作業した内容を会の中で発表・共有する形式をとる。

オリエンテーション（第一回）：自己紹介を行い、会の目的や進め方を共有する。講座の導入として自分史年表やエッセイを書き進めるにあたりヒントとなりうる「住んだことのある場所」「行ったことのある都道府県・国」「私の大切な人」といったワークを行い、グループライフレビューに慣れていない参加者が会の雰囲気を把握できるように努めている。また、前提として自分史は講座内で共有するが、話したくないことは話さなくてもよいこと、他参加者の話は本人の同意を得ない限り第三者に口外しない約束を伝え、参加者が安心して参加できる枠を提示するようにしている。

自分史年表の作成（第二、三回）：年代を「誕生～成人」「成人～現在」に区切り、作成してきた自分史年表を発表する。配布資料をもとに「所属」「エピソード（出来事・人生の転機）」「自己分析・成長」「こころに残る風景・人」「世界や日本の出来事・自分に与えた影響」等複数の観点から自分史を思い起こし、時間をかけて自身の歩みを振り返る。

エッセイ執筆（第四、五、六、七、八回）：年代を「誕生～成人」「成人～四〇歳前後」「四〇歳前後～現在」の三つに区切り、各時代で印象的だったエピソードを二つずつ選ぶ。それぞれを四〇〇字程度で宿題として書いてきたエッセイを発表する（四、五、六回）。第七回では年代にかかわらず取り上げたいエピソードをエッセイにする機会を設け、最終回では「会の振り返り」「これから」をテーマに書いたエッセイを発表する。

フォローアップ講座：八回の講座終了後、一、二ヵ月後にフォローアップ講座を実施する。ライフレビュー後、時間を経てから「私」をテーマにエッセイを執筆、発表し、自己を俯瞰する中で改めてこれまでの歩みを振り返り、他参加者とシェアすることを目的とした。

冊子づくり：発表したエッセイは参加者とスタッフで細かな打ち合わせを行い、希望に応じ冊子にした。

⑥プログラムの流れ

挨拶→導入ワーク→自分史年表・エッセイの共有→休憩（お茶・菓子）→自分史年表・エッセイの共有→今後の予定共有→挨拶。

⑦自分史を振り返ること

当講座の特徴に、個別とグループの両方の作業があることが挙げられる。参加者個人が日本や世界の歴史・世相と照らし合わせながら自分史を振り返り、事実のみならずそのときの感覚を再体験すること、多様な経験の中からそのいくつかを選びエッセイにすることは、自身の歩みを生き直し、「今」につながる源流をみつける契機となる。また、講座で自分史年表やエッセイを世代や性別、生活史が異なる参加者と共有する中でその体験はより多声的となり、新たな視座が加わることで体験の厚みが増すものと思われる。

自分史年表、エッセイの作成や講座での発表を通し、これまで忘れていたことがふと思い出されることがある。就職や昇進など、華々しく見えるライフイベントが実は重要ではなく、初めて近所の子と遊んだとき、恩師からの一言、仕事上の失敗など、一見些細で日常に埋もれてしまうような出来事が「今に続く個人の核だったと気づいた」と語る参加者も多い。「人生というパズルのピースを見つけるような体験だった」と語る参加者もいた。個人とグループでゆっくり時間をかけて過去を振り返ることが、参加者の内的体験の捉え直しを促し、自己理解の向上につながったのだろう。

グループ講座の運営で大事にしていること

これまで具体的な活動を紹介した。ここでは、グループ講座を運営する上で大事にしていることを挙げる。

①安全な枠組みを提供すること

回想法グループを運営する上で大前提となるのは、参加者が安心して語れる場を提供することである。傾聴やサポーティブな姿勢は基礎的かつ重要な技法だ。加えて、リミットセッティングも忘れてはならない。参加者は回想する中でさまざまな情動が沸き起こり、時に動揺することがある。こうした場合、参加者に心理的な負担がかかりすぎないように語りを意図的に中断し、話を深めすぎない介入も必要である。

ある会で「暗闇の中で船に乗りながら宝物をみつける感覚」と講座の感想を述べた参加者がいた。誰もが明るくキラキラした人生のみを歩み続けることは難しいが、暗く苦しい思い出も、少人数の会の中で丁寧に振り返ることで、そこから光るものを見つけることができるかもしれない。グループ回想法の利点のひとつは、複数人で、話したいタイミングで話したい内容を語れることにある。スタッフは伴走者のように、参加者の主体性を尊重し、各々のペースで安全に過去を振り返り、未来へと進むサポートをしたい。

②参加者の個別性に耳を傾けること

ごく基本的なことではあるが、参加者の個別性を大切にすることが重要である。グループ回想法は、映画、音楽、オリンピックなど、同じ時代を生きてきたからこそ共有できるテーマがあり、こうしたテーマは盛り上がりやすくグループの凝集性も高まりやすい。しかし、同じ映画を話題にしても、誰とどんなシチュエーションで観たのか、当時の参加者の状況などにより、その体験は個人によって異なる。また「高齢者」といっても、生まれが数年違うだけで時代の捉え方は変わる。時代背景の知識は必要だが「六〇代の人は……」「八〇代の人は……」などと一括りにせず、個々人の背景を想像し、語りを丁寧に聴くことが大切だろう。

③変化をキャッチし対応する姿勢を持つ

心理面のアセスメントと同様に参加者の生活環境や身体面の変化をキャッチし、会の運営を柔軟に変化させ続ける姿勢を常に忘れないようにしたい。

高齢者領域の心理臨床でよく出会う例を挙げると、会の中で参加者の反応に間があったり、怪訝そうな顔をしていたり、こちらが予想していないまったく別の話に展開することがある。こうした場合、状況をファシリテーターやスタッフがよく観察し、それが心理的な反応であるのか、注意力や聴力など身体・認知機能の低下から生じているものなのか、その両面があるのか、絶えず検討し続けることが大切である。こうした変化は急激にやってくることもあれば、緩徐にみられることもある。聴力や注意力などの変化が判明した際には、スタッフの着席位置を変更したり、参加者の名前を呼んでから声かけをしたり、ファシリテーターが他の参加者の発言を大きい声で要約して伝えるなど、臨機応変に対応する。特に高齢期では身体機能の低下が生じやすいため、配慮が必要だ。クライエントとの関係を安直に転移や否認などと心理学的に解釈することは差し控え、高齢期の身体的特徴やサポートに関する基礎知識の獲得が不可欠である。

④会の設え

会の設えを整えることも場づくりに欠かせない要素である。一例として、スタッフが自宅で栽培した草花を会場内のところどころに生けたり、季節に応じて桜の花や落ち葉を装飾したりしている。会場が会議室だったとしても、そこに草花があることで場の温かみが増す。特に初回や長期休み明けの講座では、参加者の表情に硬く緊張した様子が見られる傾向にあったが、そうした場合は、会場内の装飾が糸口となり、雰囲気が和むことも多い。その他、室内の温度、照明の明度を調整するなど、スタッフ同士の綿密なやり取りを通して会の準備を行っている。

高齢者のピアグループ

グループ名：「赤坂金曜クラブ」

地域に根差し開かれた心理相談機関として活動していくには、講座が終了しグループが終結しても、ニーズに応じ、生活の張り合いや仲間同士のつながりが維持・促進できる場を継続的に提供することが重要である。そこで、慶成会老年学研究所だった二〇一五年に発足したのが高齢者による高齢者のためのグループ、赤坂金曜クラブである。

本項では、その活動の目的や内容を含め紹介する。

①目的

過去に講座を受講した高齢者を中心に、当研究所にかかわる高齢者が自由に集い交流する場づくりをする。

②対象

六〇〜八〇代の中高年約二〇名。

③スタッフ

発足当初は心理職を含むスタッフが会員と共に話し合い運営の基本的な枠組みや方針を決定したが、その後は会員が主体となって活動しており、スタッフは必要に応じて連携を取っている。

④活動内容

既述のとおり、高齢者には過去の回想のみならず新しい体験をしたい、知識を吸収したいというニーズも多い。本会では「楽しむ」「相互啓発と学び」「気づき」を活動の三本柱として掲げ、参加者が交流の中でたがいに刺激し合い、学ぶ場づくりを目指している。本項では主な活動内容を三つ紹介する。

定例会：開催頻度は月に一回、九〇分。活動の基本は所内で行われる定例会である。各回、メンバーが順にファシリテーターとなり、「最近楽しかったこと」「私のストレス対処法」「思い出の写真」など予め選定したテーマに基づいた談話や、アロマセラピーや日本舞踊など各メンバーの趣味・特技の紹介やレクチャーを行ってきた。その他、会員の希望に応じて当研究所スタッフからの講義や、ヨガ講師、漫談家などの外部講師を招いた講義を実施してきた。

屋外の集い：開催頻度は年に二回程度（時間は状況による）。新宿御苑での花見や小石川後楽園での紅葉観賞といった季節に応じた見学会や、迎賓館やＮＨＫ博物館の見学など、屋外活動を行っている。

赤坂金曜クラブだより：隔月。二〇二〇年の新型コロナウイルス感染症の拡大以降、対面による会員同士の交流は制限せざるを得なかった。そのような中で新たに始まったのが手紙を介した交流、「赤坂金曜クラブだより」である。いわば「手紙回想法」の手法をとっており、二ヵ月に一度主担当の会員が決めたテーマ（例：好きなスポーツ、夏、最近嬉しかったこと）に沿って会員が各々当研究所宛に手紙を書く。その内容を主担当の会員がすべてコピーして会員に郵送している。最近は、感染症対策を行いながら少人数制の集まりや屋外の集いを再開しているが、「赤坂金曜クラブだより」は直接会えずとも参加者がつながりあえる場として今に至るまで好評を得ている。

その他高齢者向けの講座

個人カウンセリングやライフレビューに加え、高齢者向けに演劇やダンスセラピー、アートを用いたワークショップ等を開催している。

専門職向け講座・講演活動

老年心理学や老年精神医学の専門家を招いた勉強会や、高齢期臨床に携わっている心理職向けの事例検討会を行い、心理職へ学びの場を提供している。

他にも、近年では企業や地域団体向けの老年心理学に関する講座や、行政機関で介護家族向けの講義を行っている。

コミュニティの中の私たち

コミュニティで大事にしていること

第一に、社会の構成要員として、かかわる相手の社会文化的背景を理解し、良識あるふるまいをこころがけること。心理臨床の場にいる者は専門職であるためか、社会人としての基本的訓練を受ける機会が限られている。企業や他機関のように新入社員としての基本的ふるまいを厳しく鍛えられる機会が少ない。高齢者に接する際の課題としてわきまえたい。

第二に、高齢者心理臨床に関する専門性を磨くと同時に、自分たちが常に途上にあることを自覚すること。人間を相手にする仕事は奥が深く、終着点がない。矛盾する課題を踏まえ、葛藤を乗り越えていかなければならない。

第三に、他機関と他職種と協働する際、「理解されよう」とする前に「相手を理解するよう」努めること。「心理の仕事は理解されない」と嘆く声をしばしば耳にする。だが、こうしたことは、おたがいさまである。「こころのケア」には他職種も高い関心を寄せている。他職種が看護、介護、リハビリ等を通じて「こころのケア」を行いたいと考えるのも当然だろう。すべての専門職が、病気や障害を補い、高齢者の不安を軽減し、心理的満足感や幸福感を増やしたいと願っている。そのなかで、心理職の独自性を探求し、わかりやすく伝えることが期待される。たとえば「人生の過程でうつになることに一定の意味があること」「高齢期に不安を持つのは自然であること」に深く思いを致し、やりとりを通じてその背景をつまびらかにしたり、アセスメントに基づき、介入することが心理職に求められる。

未来への展望

未来への展望

これまで数々のありがたいご縁に恵まれ、恩師、同僚、後輩、患者、クライエントに導かれてきた。現場は「問い」の宝庫だ。頭を抱えるような「問い」は、新たな「創造」の種でもある。当研究所が、老年期心理臨床にかかわる公認心理師が支え合い高め合う拠点のひとつとして機能できたらと考える。

今後はコロナ禍に中断していたプログラムを復活させ、ニーズに照らし、新たな「問い」に応えるために、新規プログラムを開始したいと考える。その際、高齢者の英知と創造性に光を当てるよう意識したい(8)。

日本老年臨床心理学会

ところで、「日本老年臨床心理学会」が設立されたことはご存知だろうか。本学会は、日本で初めて老年臨床心理学を基軸としたもので、二〇一八年三月に設立された。「高齢者とその周辺の人々に対する心理学的支援の方法や実践者への教育方法等について、議論し普及させていく場」を目指している。本学会には、老年臨床心理学の研究者のみならず、老年心理学の基礎理論の研究者が加わっている。高齢者心理臨床の意味を伝え、教育・臨床・研究の充実をはかるために、今後老年臨床心理学会が果たす役割は大きいと考えている。

「今」が大事、ケアをするなかでケアされる、弱っても支え合う

これまで示してきたように、当研究所では「回想法・ライフレビュー」をひとつの柱として、臨床・研究・教育研修を行っている。だが、過去を扱うとしても大事なのは「今」だ。

霜山は「過去は過ぎ去ったのではなく、深まりゆく『今《プレザンス》』の意味の内に生きており、未来は時の熟するのを内蔵して『今《プレザンス》』の内にある」と述べている。(9)

当研究所のコアな活動のひとつである「回想法・ライフレビュー」では、高齢者の「今」が大切との認識を持ち、「今、この瞬間」に注意を向けるマインドフルネス瞑想を取り入れている。高齢者が「今」を生きる現役のプレイヤーであることを忘れてはならない。

人生の山谷を超えてきた高齢者から受けとるものははかりしれない。明日役立つスキル、効率的な生き方ではない。私たちが受けとるのは、人としてあるうえで、より根源的な深いものだ。アーサー・クラインマンは「ケアという積極的、直接的な行為は、ケアをするなかでケアされる

ことだ」と述べるが、この言葉に深く同意するものである。[10]
高齢者や若者が「弱っても支え合えたら」「年をとって悪くないと思えたら」との願いのもとに、課題に取り組みながら歩んでいきたい。

〔文献〕

(1)黒川由紀子編著『「豊かな老い」を支えるやさしさのケアメソッド―青梅慶友病院の現場から』誠文堂新光社、二〇二二年
(2)Butler RN: The life review: an interpretation of reminiscence in the aged. *Psychiatry* 26: 65-76, 1963.
(3)黒川由紀子『認知症と回想法』金剛出版、二〇〇八年
(4)黒川由紀子『回想法―高齢者の心理療法』誠信書房、二〇〇五年
(5)野村豊子『回想法とライフレヴュー―その理論と技法』中央法規出版、一九九八年
(6)バーバラ・K・ハイト、バレット・S・ハイト(野村豊子監訳)『ライフレヴュー入門―治療的な聴き手となるために』ミネルヴァ書房、二〇一六年
(7)大谷彰『マインドフルネス入門講義』金剛出版、二〇一四年
(8)黒川由紀子「高齢者の英知と創造性」『精神医学』六一巻、七三―八〇頁、二〇一九年
(9)霜山徳爾『黄昏の精神病理学―マーヤの果てに』産業図書、一九八五年
(10)アーサー・クラインマン(皆藤章監訳)『ケアのたましい―夫として、医師としての人間性の涵養』福村出版、二〇二一年
(11)黒川由紀子、フォーク阿部まり子編著『高齢者のマインドフルネス認知療法―うつ、緩和ケア、介護者の

ストレス低減など』誠信書房、二〇一八年

3

新たなニーズを掘り起こす

田中ひな子
原宿カウンセリングセンター

センターの概要

原宿カウンセリングセンター（以下、センター）は一九九五年、信田さよ子（現在は顧問）によって有限会社として設立された。現在、心理職は常勤八名、非常勤三名が所属し、全員公認心理師と臨床心理士の両資格保有者（女性）である。事務受付スタッフは常勤一名（事務長）と非常勤四名である。筆者は設立時より勤務し、現在は所長を務める。

設立時、オフィスは原宿の喧騒から路地に入った場所にあったが、二〇二〇年ビルの取り壊しにともない、現在の明治神宮と新宿御苑の中間あたりに移り、副都心線北参道駅から徒歩三分、JR千駄ヶ谷駅、原宿駅、地下鉄国立競技場駅から徒歩一〇分に位置している。オフィスは四階建てのビルの三階にあり、面接室六室、ミーティングルーム一室、受付事務室二室、待合室一室を有している。年間六〇〇名程度の新規来談者があり、設立から二〇二二年一二月までの来談者総数（初回面接数）は約一七二〇〇名である。

開設の経緯

開設以前、設立者信田と筆者は嗜癖問題臨床研究所附属CIAP原宿相談室（以下、CIAP）に心理職として勤務していた。CIAPは、一九八四年、精神科医・斎藤学がアメリカのアルコール依存症の相談センターをモデルとして立ち上げた私設相談機関で、家族への初期介入を専門としていた。

アディクション（嗜癖）とは「変えようと思っても変えられない悪習慣」のことであり、依存症と呼ばれることもある。具体的には、物質嗜癖（アルコール・薬物など）、行動嗜癖（ギャンブル・ゲーム・ネット・盗癖など）、人間関係への嗜癖（共依存）などがあるが、複数の嗜癖を有していることも少なくない。そうしたアディクション問題を抱えた家族は、暴言暴力、入院、借金など日々危機に直面する。家族関係のダイナミズムや力関係を捉え、優先順位をつけて対応していくためにはソーシャルワークの視点が必要であった。そのため、ＣＩＡＰではスタッフもソーシャルワーカー主体の構成であった。

信田は開設時より勤務し所長となるが、経営母体はそのビルのオーナーである別の精神科医であったために、その実態は精神科医に主導されていたことになる。一九九五年、ある事情によって私たちはＣＩＡＰを退職せざるを得なくなり、信田は精神科医療とはまったく別の形で女性による心理臨床を実践していきたいと考えて、当センターを設立した。以来、「医療にはできない援助をする」という方針のもと、潜在的なクライエントのニーズを掘り起こし、心理臨床の可能性を開拓してきた[1]。

開設までの歩み

信田と筆者の開設までの経歴を紹介したい。

信田は、お茶の水女子大学文教育学部哲学科卒業、同大学院修士課程家政学研究科児童学専攻

修了。大学院では松村康平の指導を受け、心理劇の手法を取り入れた理論と方法である「関係論」を学んだ。松村は「こころ」「心理」という言葉を用いずに臨床理論を構築しようと試みた人であった。信田は、師から受け継いだ心理劇と集団を通したアプローチ、そして「医者にできないことをやりなさい」という師からの言葉が臨床の大きな支えとなっているという。大学院修了後は精神科病院に就職し、アルコール依存症治療に携わる。一九八四年より斎藤学の誘いを受けＣＩＡＰに勤務した。

筆者である田中は東京女子大学文理学部社会学科卒業、立教大学大学院修士課程社会学研究科を修了。大学院では早坂泰次郎の指導を受け、Ｔグループ（「今、ここ」の体験に基づいた対人関係のトレーニンググループ）と現象学的心理学に基づいた人間関係学を学んだ。大学院修了後は、教育相談室相談員、看護学校非常勤講師（社会学、文化人類学）、大学非常勤講師（精神保健）、立教大学社会福祉研究所所員などを経て一九九〇年よりＣＩＡＰに勤務した。

こうした信田と筆者の経歴が、問題を個人内部にある「こころ」としてとらえるのではなく、人間関係における「出来事」として具体的にアプローチしていくというセンターの特色となっていった。

事業の内容

当センターの主な事業内容は以下の五点である。

カウンセリング

アディクションアプローチ（後述）を基本にして、心理教育アプローチ、解決志向アプローチ、動機づけ面接、ナラティブセラピー、認知行動療法、コラボレイティブアプローチ、EMDRなどの身体志向のトラウマケアなど、それぞれのスタッフが特色ある技法を活かしてカウンセリングを行っている。必要に応じて親子面接、夫婦面接も行っている。

グループカウンセリング

グループは一クール一二回（一部一〇回）の契約制、オンライン開催である。以下のような特色あるグループを行っている。「共依存の母親」「DV被害者女性」「アダルトチルドレン（一〇代から三〇代の男女）」「アダルトチルドレン（三五歳以上の女性）」「子育て中の母親」「安心できる家族をつくるためのお父さんセミナー（不定期開催）」「DV被害者である母親とその子どものためのプログラム（コンカレントプログラム：不定期開催）」

教育プログラム

これは、講師であるスタッフが、長年の経験と実績、そして学術的知識に裏づけされた内容をわかりやすく伝えるプログラムである。テーマは以下の六つである。「アディクションとは何か―ゲーム・ネット・アルコール・薬物・ギャンブル・摂食障害など」「夫婦関係について―モラハラ・DV・子どもへの影響」「親子関係について―アダルト・チルドレン／母と娘など」「家族の暴力―虐待・DV・同胞からの暴力・子どもからの暴力・その他の暴力」「発達障害とは―アディクション・暴力とのつながり／カサンドラ症候群など」「トラウマ・PTSD―様々な被害とそのケアについて」

クライエントには援助の内容について知り、選択・決定する権利がある。このプログラムの目的は、問題や解決に向けた知識を提供することであり、それはセンターの相談・援助の基本方針を伝えるインフォームドコンセントの一環である。設立当初は対象をセンターに来談しているクライエントに限定していたが、二〇二〇年オンライン開催となると同時に、それ以外のひとも参加できる形となった。その結果、クライエントの家族の受講が増え、本人やカウンセリングへの理解と協力の向上に役立っている。

オンライン研修会の開催

センターではこれまで心理療法の効果研究などで知られるスコット・D・ミラーの招聘研修会などを主催してきた。二〇二〇年以降は心理に関する専門家・対人援助職を対象としたウェビナーを開催している。テーマは、アディクションアプローチ、解決志向アプローチ、動機づけ面接技法、DV加害者臨床、DV被害母子のコンカレントプログラム、トラウマ、ひきこもり、自傷行為・希死念慮、性暴力などであり、いずれもセンターの実践に基づいて主にスタッフが講師を務めている。医師やケースワーカー、看護師、教員など他職種の参加も多く、連携の契機になっている。また、一般を対象とした公開セミナーも開催しており、こころの健康に関する知識の普及を図っている。

他機関への講師派遣

企業のメンタルヘルス相談、大学のハラスメント相談など、他機関と業務委託契約を結び講師派遣を行っている。

センターの代表的専門領域

アディクションの相談・援助

一九九九年、信田は長年にわたるアディクションの相談・援助の経験に基づいてアディクションアプローチを提示した。その中で特に重要なポイントは以下の二点であり、センターにおける相談・援助の基礎となっている(2)(3)。

①家族支援の重要性

本人がなかなか来談しないアディクション問題では、周囲で最も困っている家族がファースト・クライエントであり、家族への介入が優先される。

家族支援の実際として、共依存のグループについて説明しよう。これは子どもの問題に困っている母親のためのグループである。子どもの問題はひきこもり、うつ、摂食障害、浪費癖、薬物依存、ギャンブル依存などさまざまで、子どもの年代も一〇代から四〇代まで幅広い。子どもはカウンセリングを拒否しており、母親が一人で対応していることが多い。母親たちへの援助は子どもに対する日々の言葉かけや金銭の与え方など具体的な方法の提示から始まる。さらに今後の見通し（将来への希望）を示し、何より両親である夫婦間の協力体制を堅固なものにしていくように助言する。家族の中で一番苦悩している母親こそ変化する可能性が最も高く、母親の行動に変化を起こすことで、家族全体にその変化を波及させることができる。こうした介入は個人カウンセリングよりもグループカウンセリングの方が効果的である[4]。

②自助グループの重要性

当事者がＡＡや断酒会に集い、今日一日アディクションをやめることを積み重ねて回復していく姿から、専門家は援助のヒントを得てきた。つまり、アディクションの相談・援助は、専門家主導ではなく当事者主導で発展してきたのである[3]。現在は、薬物、ギャンブル、盗癖、アダルトチルドレンなどの様々な自助グループが活動しており、センターではクライエントに情報提供して自助グループへの参加を提案している。

また、当事者の力と主体性を最大限に引き出すために、カウンセリングではアディクションの相談・援助から生まれた解決志向アプローチを活用している[5][6][7]。

被害者支援とトラウマケア

センターの被害者支援の原点はアダルトチルドレン（以下、ＡＣ）への援助であった。ＡＣとは、元来、アディクション臨床から生まれた概念であるが、信田は「現在の自分の生きづらさが親との関係に起因すると認めた人」と再定義し、子どもは親の被害者であるという視点を提供した。(8) アディクション問題のある家族では、ＤＶや虐待が頻繁に起こる。またアルコール・薬物依存症や摂食障害の本人のカウンセリングのなかでは、虐待、ＤＶ、性暴力などの被害のエピソードがしばしば語られる。(9) したがって、私たちが被害者支援とトラウマケアに取り組むことは必然であった。

虐待やＤＶなど長期間にわたる反復的被害の影響を複雑性ＰＴＳＤとして概念化したハーマンはトラウマ体験の中核を無力化と他者からの離断と捉え、回復の基本として①他者との新しい結びつきを創る、②自身が回復の主体となる、③自己決定性と自己統御権を回復するための有力化（エンパワメント）の三点を挙げている。(10) また、暴力被害やトラウマを主訴とするクライエントは圧倒的に女性が多く、最近はＬＧＢＴの来談も増えている。したがって、被害者支援とトラウマケアにおいてはジェンダーセンシティブな視点が不可欠である。センターでは、こうした考えに基づいて、カウンセリング、心理教育、グループカウンセリング、身体志向アプローチによるトラウマケアなどを行っている。

心理教育では、暴力被害とは何か、その影響であるトラウマ反応、回復のプロセスなどに関する知識を、教育プログラム、カウンセリング、グループを通じて提供する。被害者は「私が悪いから被害に遭ったのだ」と考えて自責していることが多く、「暴力は加害者に一〇〇%責任がある」と明確に伝えることが必要となる。また、フラッシュバックや凍りつき、回避行動、不眠などトラウマ反応の多くが、危険な状況のなかで生き延びるための神経生理学的反応に由来すると知ることは、サバイバーとしての誇りや主体性の回復に役立つ。

ACやDV被害者のグループへの参加は、他者との新しい結びつきとなる。参加者は、グループで「被害にあったのは私だけではない」と実感することによって、孤立無援感が緩和される。そして、カウンセラーがファシリテートする安全な場で、「仲間」の話に耳を傾け、これまで語ることのなかった出来事を想起して言葉にすることができる。

カウンセリングでは、何が起こったのか、過酷な状況にどのように対処して生き延びてきたのか、どのような解決（生活や人生）を望んでいるのかを明らかにすることによって、クライエントの自己決定性と自己統御権の回復を援助していく。そのために「クライエントこそ自分の生活や人生の専門家である」という立場から、クライエントの力と強さに焦点を当てる解決志向アプローチを活用している。(11)(12)

トラウマは、フラッシュバックや恐怖、恥、自責、罪悪感、離人感など身体に起こる反応である。その回復のためには、身体志向のアプローチが必要な場合もある。センターでは、EMDR(Eye Movement Desensitization and Reprocessing：眼球運動による脱感作と再処理法)、ブレインスポッティング、TFT（Thought Field Therapy)、マインドフルネス、リラクセーション、呼吸法、ブレインジムなどを用いてトラウマケアを行っている。[13]

加害者の相談・援助

加害者がいなければ被害者はいない。だが、被害者が「その行為は加害（DV・虐待・性暴力・ハラスメント）である」と訴えなければ、加害者は自分の暴力に気づくことが難しい。したがって被害者支援の延長線上には加害者の相談・援助がある。多くのDV被害者がカウンセリングのなかで「夫に変わってほしい、DVを止めてほしい、カウンセリングを受けてほしい」と語る。近年、こうした妻の勧めに応じて、夫が「離婚しないで結婚生活を続けたい。暴力を止めたい」と願いカウンセリングに訪れるケースが増えてきた。

二〇〇一年DV防止法が成立し、二〇〇三年内閣府はDV加害者更生プログラムに関する調査研究を実施した。信田はそのワーキンググループの一員となり、試行的DV加害者プログラムの実施にかかわった。二〇〇四年、信田と高橋郁絵は内閣府の委嘱事業として東京都が施行した「DV加害者更正プログラム」の開発・実践に携わった。二〇〇七年信田らはDV被害者を支援し、加害者についての調査研究・更生教育を行うことを目的としてNPO法人RRP研究会（Respectful Relationship Program）を立ち上げた。RRP研究会が開催している「DV加害者更正プログラム」は、センターを会場として使用し、センターのスタッフ（信田、高橋、古賀絵子、荻田博深、野村こずえ）も加わってファシリテーターを務めている。センターはRRP研究会と緊密に連携して加害者の相談・援助を進めている。

加害者の相談・援助では、心理教育が重要な役割を果たす。クライエントは、暴力とは何か、暴力が被害者（パートナーや子ども）に及ぼす影響、そして「暴力を引き起こした責任は一〇〇％加害者にある」ことを学び、再発防止のために相手を尊重する関係を築くための考え方とコミュニケーションスキルを身に着ける。カウンセラーは「暴力は否定するがクライエントの人格は尊重する」姿勢を貫きながら、動機づけ面接と認知行動療法に基づいてカウンセリングを進めていく。[14][15]

オンラインによる相談・援助

センターでは、二〇二〇年新型コロナウィルス感染症のパンデミックを契機にオンラインによるカウンセリングとグループを開始し、現在はオンラインがカウンセリング全体の約二〇％を占めている。感染症予防にとどまらず、地方・海外在住者や外出困難なひきこもりの人が援助を受けることができる、交通費や移動時間が不要である、体調不良でも面接できる、子どもがひとりで隣室にいることができる年齢であれば保育の手配が不要である、面接中に体調が悪くなった場合にすぐに休める（帰路の心配がない）など利点は数多い。センターでトラウマケアの中核を担う中野葉子によると、自室という日常空間で画面の相手と行うコミュニケーションであるオンライン・カウンセリングの特長は、トラウマの被害者支援においてはむしろ積極的な「安全の確保」となるため、クライエントによっては支援の第一選択になりうるという(16)。

他機関・関係職種との連携

センターでは、社会連携主任の高橋郁絵が中心となって積極的に他機関・関係職種との連携を行っている。企業や大学への講師派遣に加えて、大学から依頼を受けてハラスメント加害の職員に対して再発防止のためのカウンセリング・プログラムを提供している。

二〇二二年の他機関・関係職種から紹介された新規来談者は全体の二七％（一五二名）を占めており、その内訳は医療機関（七〇名）、相談機関・専門家（三〇名）、保健所・精神保健福祉センター（二〇名）、その他は学校、弁護士、自助グループ、中間施設・市民団体である。センターからは、クライエントに医療機関、弁護士、自助グループを紹介している。医療、児童相談所、弁護士との連携に際しては文書や電話によって連絡をとり、クライエントの現状および相互のニードを確認しながら援助方針を共有している。

連携をより有効なものにするためには、当センターの専門領域における援助能力を高めることが最も重要である。また、連携拡大に向けて、スタッフ各自が、精神保健福祉センター、保健所、児童相談所、男女共同参画センター、家庭裁判所、保護観察所など公的機関の職員研修講師や助言者、自助グループや市民団体が主催する講演会の講師、学会や職能団体の理事、学会のシンポジストなどを積極的に引き受けている。

私設心理相談機関としての特長

私設心理相談機関における最大の特長は高い機動性である。経営者の判断で、新しいアプローチをいち早く取り入れることができる。センターでは、アディクション・アプロ―チ、解決志向アプローチ、動機づけ面接、ＥＭＤＲ、ブレイン・スポッティング、ＴＦＴなど、その時々で最新のアプローチを実践してきた。そのためには積極的に研修会に参加する必要があり、時には海外研修の参加や専門書の分担訳出なども行ってきた(17)(18)(19)。

私設心理相談機関では、その運営コストはクライエントからのカウンセリング料金から賄うことになる。そのためカウンセリング料金は、保険診療である医療に比べて高額となる。クライエントに良質な相談・支援を提供するためには、安定した経営基盤、つまり常に一定の新規来談者数を保つことが必要となる。センターは「医療にはできない援助をする」方針で運営され、診断名をつけることが難しい問題、もしくは保険診療では手間がかかるため医療が対象外としてきた問題を積極的に扱うことで、対人援助職のネットワークの一端を担ってきた。それが、センターが専門性を発揮しているアディクション、暴力（DV、虐待、性暴力、ハラスメント）の被害と加害、トラウマケア、家族関係といった領域であった。

信田はセンター設立以来、「隠れたクライエントを掘り起こすことを心がけてきた。精神科医療に失望した人たち、どこに相談していいのかわからない人たち、誰にも言えなかったことに名前をつけてほしいと願っている人たち、家族のなかで押しつぶされそうになっている人たち……。その人たちの相談窓口になることが、センターの存在意義であり、保険診療に伍していける唯一の道だと考えた」[1]。そして、信田は多くの著作を出版し、マスコミで発言をすることによって、カウンセリングの普及に努めた。センターでは本や新聞、講演会を契機とした来談者が全体の二五％を占めている。

困ったことがあれば誰でも気軽にカウンセリングに訪れる。そうなるためには全国各地に私設心理相談機関ができ、カウンセリング料金が何らかの形で公的な補助を受けられるようになることが望ましい。

未来への展望

センターのクライエントは家族や友人・知人の紹介が二七％を占めているが、紹介者の中にはクライエント、あるいは以前来談して終結した人が含まれている。センターを実際に利用した人たちによる紹介はセンターへの確かな信頼に基づいている。まず身近にいるカウンセリングの経験者からのクチコミを通じてセンターの活動やカウンセリングへの理解が普及していくことを願っている。そのためにも私たちはクライエントにとって役に立つ、質の高い相談・援助を提供していきたい。

今後とも新たなニーズを掘り起こし、公認心理師の新たな領域を開拓していくためには、相談・支援の実践を積み重ね、その意義を社会に示すこと、クライエントの言葉に真摯に耳を傾けること、そして、現代社会や人間存在への高い関心を抱いて臨床心理学に限定しない幅広い知識を備えていくことが大切であると考えている。

〔文献〕

(1) 信田さよ子『アディクション臨床入門―家族支援は終わらない』金剛出版、二〇一五年
(2) 信田さよ子『アディクションアプローチ―もうひとつの家族援助論』医学書院、一九九九年
(3) 信田さよ子編著『実践アディクションアプローチ』金剛出版、二〇一九年
(4) 信田さよ子『共依存―苦しいけれど、離れられない』朝日文庫、二〇二三年
(5) De Jong P, Berg IK: Interviewing for solutions. Brooks/Cole, 2012.(桐田弘江、住谷祐子、玉真慎子訳『解決のための面接技法―ソリューション・フォーカストアプローチの手引き〔第四版〕』金剛出版、二〇一六年
(6) 田中ひな子「解決をイメージする―解決志向アプローチの技法から」『精神療法』四〇巻、八四六―八五〇頁、二〇一四年
(7) 田中ひな子「解決志向アプローチ」日本ブリーフサイコセラピー学会編『ブリーフセラピー入門―柔軟で効果的なアプローチに向けて』遠見書房、二〇二〇年
(8) 信田さよ子「アダルトチルドレン―私の物語をつくり直す」『日本家政学雑誌』四八巻、八二三―八二八頁、一九九七年
(9) 田中ひな子「解離と出会うとき―アディクション臨床の現場から」『こころの科学』二二一号、九一―九五頁、二〇二一年
(10) Herman JL: Trauma and recovery. Basic Books, 1992.(中井久夫訳『心的外傷と回復』みすず書房、一九九六年)
(11) Anderson H, Goolishian H: The client is the expert: A not-knowing approach to therapy. In: McNamee S, Gergen KJ (Eds): Therapy as social construction. Sage Publication, 1992.(野口裕二、野村直樹訳「クライエントこそ専門家である」『ナラティヴ・セラピー―社会構成主義の実践』遠見書房、二〇一四年

（12）田中ひな子「虐待・DVサバイバーにおけるレジリエンス」『臨床心理学』一二巻、一六七―一七〇頁、二〇一二年
（13）田中ひな子「児童虐待を受けた摂食障害女性のEMDR」『こころの臨床アラカルト』一八巻、七七―八二頁、星和書店、一九九九年
（14）高橋郁絵「DV加害者プログラムの実践」廣井亮一編『加害者臨床』日本評論社、二〇一二年
（15）RRP研究会編著『DV加害者プログラム・マニュアル』金剛出版、二〇一二年
（16）中野葉子「オンライン化がもたらすトラウマ被害者支援（ケア）の拡大」『臨床心理学』二一巻、四三四―四三九頁、二〇二一年
（17）Jenkins A: Invitations to responsibility: The therapeutic engagement of men who are violent and abusive. Dulwich Centre, 1990.（信田さよ子、高野嘉之訳『加害者臨床の可能性―DV・虐待・性暴力被害者に責任をとるために』日本評論社、二〇一四年）
（18）Berg IK, Miller SD: Working with the problem drinker, W.W. Norton, 1992.（白木孝二、田中ひな子、信田さよ子訳『飲酒問題とその解決』金剛出版、一九九五年）
（19）Shapiro F: Eye movement desencitization and reprocessing: basic principales, protcols, and procedures (2nd ed). The Guilford Press, 2001.（市井雅哉監訳『EMDR―外傷記憶を処理する心理療法』二瓶社、二〇〇四年）

4

地域における仲間づくりとリカバリー

田尾有樹子・仁木富美子・大平道子
巣立ち会

はじめに

社会福祉法人巣立ち会は一九九二年に任意団体として発足し、精神疾患を持つ人たちへのサービスをそのニーズに沿っていつも新しく作り出すということにチャレンジをしてきた。長期入院者の退院支援、うつ病のリワーク支援、若者支援、リカバリーカレッジ、さまざまな状態にある人のさまざまなニーズに合わせてサービスを作り、支援を行ってきている。しかも、その支援は職種を超えて行っている。

障害福祉サービスの分野での仕事であるため、福祉士有資格者が多いが、二〇一七年の公認心理師が国家資格化される前から臨床心理士と呼ばれる人たちも多く雇用していた。巣立ち会は職員一〇四名（常勤四三名、非常勤六一名）の団体であるが、精神保健福祉士・社会福祉士を持っているものは三六名（常勤二五名、非常勤一一名、そのうち公認心理士との重複保持者は九名）、公認心理師を持っているものは二七名（常勤一一名、非常勤一六名）いる。福祉団体としては公認心理師の雇用人数は多いほうであろう。二〇一七年、公認心理師が国家資格化されたときから、障害者総合支援法の中の福祉専門職員加算の対象になっている。このことは心から喜ばしいことと思ったし、今後の公認心理師の活躍の機会が大きく約束されるきっかけになると確信している。

巣立ち会全体の事業紹介

原点として退院支援

日本の精神病床数の多さは一九六〇年代から言われているにもかかわらず、今なお、世界一の精神病床数、世界最長の入院日数を保ち続けている。このゆがんだ精神医療のあり方に疑問を持ち、地域に長期入院者を受け入れられる体制を構築しようとしたのが巣立ち会の発足当時の目的であった。精神科病院の勤務の経験から、本人の変化を待っていても退院はできないと感じた。あるがままの本人を受け入れられる環境を作ることができれば、精神科病院の中ではつつがなく過ごせるのだから地域でも生活はできるはずだと感じたのである。

精神疾患を持つ人たちへの支援を行っていると、本人だけが変化すれば問題が解決するとは思えなくなる。多くの場合、周辺への働きかけを行うほうが本人の生きやすい環境を作ることができる。心理学で教えるのは個への働きかけである。退院支援は、個を変えるためにはその周辺環境や周りの人に働きかけることを同時に行うほうが大きな結果を生むということに気づかせてくれた最初の仕事であった。

病院で退院は不可能と言われた人たちが、グループホームという住まいを得、作業所という働く場を得て、元気な姿でどんどん退院していくのを見ると、多くの医療関係者の考えが間違っていたことを切実に感じたものである。

うつ病の支援

当初は長期入院者の退院支援から始まったが、心理社会的な支援が必要な人たちが入院経験者だけではないことに早くから気づいていた。しかし医療の仕組みのうえで、外来のみの患者に対してコメディカルと呼ばれた精神保健福祉士や臨床心理士がかかわることは、ほぼ不可能だった。そのことによる診療報酬が設定されていなかったからである。

後にショートケアやデイケアでうつ病のリワークを行うクリニックなどの医療機関も増えたが、私たちがうつ病のリワークを障害福祉サービスの中で始めたのは、それに先立つ二〇〇九年のことであった。リワークの対象者となるのは、主に会社を休職中の人である（巣立ち会では離職して間もない人も含めている）。一定期間の休職を選べるということは、それなりの福利厚生が保証されている企業に勤めている人たちである。そんな人たちが、市区町村の窓口に障害福祉サービスの申請に行くのだろうか？　当初はかなり不安だった。しかし、始めてみると、むしろ、実際的・合理的に、自分たちの状況の手助けになるサービスを躊躇なく利用しようとする人が圧倒的に多かった。後で述べるが、若者たちのほうが障害福祉サービスというフレームに対する偏見や抵抗がよほど強いくらいである。

このリワークでのアプローチの基本は、認知行動療法系のプログラムを中心に自分自身の特性を知ることで、対人コミュニケーションの特徴などを理解し、自分の思考や行動の癖を自覚して、職場などにおける自分自身の対応に少しだけ変化をもたらすことを目指している。

このプログラムに関してはスタッフのほとんどが公認心理師であるが、ここを訪れる人たちに私が最初に必ず話すのは「孤独は人を追い詰める。仲間ができると元気になる」ということである。巣立ち会のどの支援も同様の考え方をしているが、ほとんどの場合、個人療法のみというアプローチをしていない。グループ、仲間の力を借りることで、多くの人が回復すると考えているのである。リワークのプログラムでも集団への帰属意識が強かった人のほうがより回復しているように見える。

支援する公認心理師たち側が、支援や治療のプロセスにおいて社会という概念を存在させる、それを意識することが必要だと考えている。

利用者の立ち位置や行動は、いずれ彼らが戻っていく場所でのモデルになる。他者との安定した関係性や自分自身が必要とされている実感などが回復の原動力につながるという理解が、私たちには必要だと考える。

もう一つ、巣立ち会の公認心理師たちはアウトリーチを行う。リワークのプログラムで言えば、会社や医療機関に同行し、必要な調整や依頼を本人とともに行うことになる。復職する会社、新しく就職する会社に対して、自分自身の客観的な情報の提供や、職場の環境調整に関する依頼などは、本人からは直接言いにくい。そこで、同行した公認心理師がそれを行うのである。

正直言って、若くして公認心理師を選んだ人たちは、社会の常識、企業の考え方やニーズの把握に疎い人が多い。ケースについて企業と交渉する中で学びながら成長していくような場合も多々見られる。利用者がどのような世界で生きているのかを知らなければ彼らの回復に寄与しようがない。専門職であるがゆえに日々色々な形での学習が必要と言える。

同様に医療機関との調整も行う。リワークに来る人たちは動機づけがはっきりしているがゆえに、診断や治療（投薬）に間違いがなければ安定的に回復していく人が比較的多い。問題になるのは、なかなか回復しない人たちである。その場合、診断や治療に誤りが少なからず見られる。そうした場合、こちらの考えを受診に同行して医師に伝えることもある。結果、大きく改善した場合もあれば、こちらの意見を否定される場合もある。医師の判断を絶対的なものと考えないのも、巣立ち会の特徴であるかもしれない。

若者支援

以前、精神科受診のハードルが非常に高かった時期にはなかなか医療や支援の対象になりにくかった人たちである。先述したように、今でも彼らは人の支援を受けることを家族も含めて躊躇する場合がある。

昨今、不登校などの形での集団への不適応を生じている若者は非常に多い。学校に適応することだけが選択肢とは思わないが、多くの若者に接して思うのは彼ら自身が心から孤独を望んでいるわけではないということである。義務教育課程では通級や適応教室など教育委員会の仕組みの中でなんらかの支援があることもあるが、高校課程になると一人通信教育課程をこなすという場合が多くなる。それでもスクーリングなどで、この課程を終え、進学や就職にこぎつける子たちもいるが、なかなか全日制の高校に比べて教員の目が届きにくいし、仲間ができにくい。一人でこの課程をこなすのはなかなか大変である。こうした若者たちを支援し、本来自分が手に入れたい夢や希望につなげようというのが巣立ち会の若者支援である。

そもそもは早期介入（Early Intervention）という精神病性の疾患に対する支援の発想がモデルになっており、私たちも当初はそうした仮説に基づいて事業を始めたが、実践していくうちに、まずは精神病性の疾患者に対象を限定することがむずかしく、それ以外の人たちへの心理社会的支援もその後の彼らの人生展開という意味では同じように効果を持つということにかなり早いうちに気づかされた。そのため、今はこの若者支援には、年齢条件だけを課している。

昔に比べると、精神科受診のハードルはずいぶん下がったように感じる。私たちの支援を求める人たちのほとんどがすでに受診している。しかし、一歩外に目を向けると学校での不登校やひきこもりなどで悩んでいる人や家族も多く、本人が他者の支援を拒絶するという壁がまだ強く存在しているようである。法律に文句を言うようで恐縮だが、私たちの支援に関して障害者という言葉を使わないネーミングを考えてほしいと強く思うものである。

この若者支援については後述する。

リカバリーカレッジ

リカバリーカレッジというのは、これも詳しくは後述するが、「リカバリー」を教わる学校である。

巣立ち会では発足以来、リカバリーを主軸とした支援を行ってきた。リカバリーとは「自分らしく元気に生きること」と理解している。巣立ち会の中では、先に述べた三つの事業はいわゆる法内サービスで、サービス提供に対して給付（報酬）がある。このリカバリーカレッジは三鷹市からの委託で行っている事業で、個別の報酬があるわけではなく、サービスユーザーとも個別の契約関係にはない。

どんな人たちが多いかというと、精神科受診歴のある人が多く、なんとなく生きづらさを感じながら生活をしてきている人、長い入院経験はないが人生を必死に模索しながら生きている人たちが多い印象である。

巣立ち会ではあらゆる精神疾患・精神的な不具合を持つ人へなんらかのサービスを提供したいと考えている。先に述べた二つのプログラム（うつ病の支援、若者支援）は条件を付しているが、このプログラムは特に条件はなく自身のリカバリーを求める人たちと一緒にプログラムを構築していくのがリカバリーカレッジと考えている。

ユースメンタルサポートColor

ユースメンタルサポートColor（以下Color）は、社会福祉法人巣立ち会が二〇〇九年夏から、若者の精神病性疾患の早期支援を目的に、心理社会的支援、生活支援を行うことを目指して始めたボランティア事業である。その後、二〇一二年九月からは、障害者総合支援法に基づく福祉サービス「自立訓練（生活訓練）」として、契約の下で支援を提供するようになり、対象者も精神病性疾患だけにとどまらず、メンタルヘルスの不調や不具合を感じられている方全般（発達障害も含む）にも支援を広げている。

高校生から二〇代前半に利用を開始することが多く、利用開始時の困りごととしては、精神的疾患や障害に伴う不調の訴えに加え、ひきこもりや不登校、家族を含む対人関係の問題、社会環境への不適応など多岐に渡る。また、大半は医療機関を受診しているが、若者であるがゆえに、心理社会的支援は家族頼みであり、人生を左右する重要な決定を家族以外の支援者なしに行うしかなく、その結果、社会活動の中断、さらには医療の中断につながっていることも少なくない。

したがってColorでは、医療と共に重要なのがリカバリーできる生活上の支援をきちんと行うことであると考え、若者がこの先の人生で必要なあらゆる側面について一緒に考え、本人の希望を見つけ、夢や未来を構築するお手伝いを行っている。そして自分自身の選択と責任に基づいた現実的決定を行い、実際に実行に移した後もその活動に従事していけるようサポートを継続している。職員はほぼ全員が公認心理師で、曜日によって顔ぶれは異なるが常時三～五人体制で、個別と集団の側面からアプローチを行っている。

Colorでは、利用者が他者に受け入れられる体験を通して、エネルギーの充足を得て本来の自分を取り戻し、元気になっていく過程を大事にしており、グループ活動に常に創意と工夫をこらしている。

集団プログラム

事業所のワンフロアーを平日の九時から一七時まで開放しており、午前と午後に二時間ずつスタッフ進行での半構造化されたプログラムを行いつつ、それ以外の時間は、大テーブルを囲む形で利用者が集い、お喋りをしたり、それぞれが好きなことをしたりして過ごす形になっている。プログラムの内容は「人馴れや人間関係の練習」「疾患や障害の理解」「認知機能や行動の活性化」といった、いわゆるデイケアで行われているようなものであるが、進め方はかなり柔軟である。

その時々の参加者はその時間に集って初めて明らかになるが、スタッフはメンバーの知的レベル、体験や個性の多様性、場への慣れと適応度合い、そしてその場の雰囲気を即座に加味しながら、それぞれのメンバーができるだけ自分らしく自分のペースで取り組めるよう、枠付けのレベルを柔軟に調整している。同じ名前のプログラムであっても、簡単な作業の延長線上で行うこともあれば、レクリエーション的要素を多く取り入れることもあり、ときには知識多めの座学的内容で実施する場合もある。もちろん、途中参加、途中離脱の利用者もいるため、その時々に応じて、時間内で大きく軌道修正を行うこともある。また、同フロア内には個人スペースという、グループに入らずに個別に過ごす人のために衝立に囲まれた座席も複数設置されていることから、参加者は目の前のグループだけでなく、衝立の向こう側の人間も意識しながら、プログラムに取り組むことになる。

一方、掃除の仕方や物の置き場などわからないことについてメンバー同士で教え合う形もとっており、利用して間もないうちから他者となんらかの直接交流ができる機会を提供している。それによって、発信に自信がない利用者もこの人だと話しやすそうという相手を早いうちから認識することができ、比較的抵抗なく場にいられるようになる。そのような形で時間や体験を他者と共有する機会を重ねていくことで、他者といることに安心感を持てるようになる利用者は多く、同年代が苦手だと言って利用を開始した者でも、Color の場は例外となり、緊張や不安を感じることなく過ごせるようになっていく。

また、プログラムによっては、利用者間で各自の困りごとを共有し互いに励ましあえるようなピアトーク的機能を持つものもあり、利用者にとってColorの仲間は自助グループとしての意味づけも大きい。特に午後のプログラム後のフリータイムは、雑談からの延長であるものの、自己開示の度合いが強くなることも多く、場にいるスタッフは侵入的にならないよう会話のつなぎ役を行うが、基本的に利用者同士、つまり場に任せる形をとって、メンバー同士での治療的会話が進むよう心がけている。

このような過程を通して他者理解が進んでくると、事業所外で交流し始める利用者もおり、友だち関係につながっていくことも少なくない。

疾患や障害のために、早い場合は小学校時代から漠然とした違和感を抱え、その後集団に馴染めなかったり不登校になったりで集団体験が乏しく、孤立感さえ抱えてきたようなColorの利用者にとって、仲間関係や継続的対人関係、安心していられる集団の場は、彼らにエネルギーを与え、自信や意欲の源になる。個別支援で進路のサポートをしてもなかなか未来が見えてこなかったり、一歩を踏み出せなかった利用者も、集団で過ごす時間が増えてくると、「自分もやってみよう」という流れになることは多い。そして、たとえそれが継続的に上手くいかなくても、何も言わずにいつもと同じように受け入れてくれるColorの場は、第二の安全基地であり、利用者の次につながる元気の源になっている。

個別支援

ところで、もちろんのことではあるが、Colorでは各利用者に担当スタッフがつき、個別支援も行っている。

個別面談は週一回〜月一回と利用者によって頻度はまちまちではあるが、いわゆる心理療法的カウンセリングは行っておらず、基本は彼らの夢や希望に近づいていくためのスモールステップの模索と実証検証作業である。グループ支援同様、利用者の疾患、障害およびパーソナリティを評価したうえで、アプローチの仕方も変えている。しかしながら、目指しているのは、疾患、障害、生育歴にフォーカスし過ぎず、目の前の今のご本人のやりたいこと、可能性を信じることである。なかなか言葉にはしにくいが、若さや経験の少なさに、先述したグループ支援の力も大きく加わって、たいていの利用者は軌道にのると未知数の可能性を発揮し、気づいたら山の頂まできているという場合が非常に多く、私たち支援者も利用者の変化に日々驚かされている。

なお、個別支援はご本人に対するものばかりでなく、家族や医療機関、地域の関係機関との顔が見える連携も含んでおり、生活面、医療面においても同一方向の支援体制を組めるよう努力している。

たとえば、進学を目指している利用者には受験先の選択の手伝いから始めるが、受験や就学後を見据え、受験前から各学校にどのような支援体制があるかを出向いて確認したり問い合わせしたりしてリサーチしている。また、オープンキャンパスや事前面談会にも同行し、希望する学校に対して支援者も理解を深め、その時点から学校の支援体制についても評価を行い、場合によってはつながりづくりを開始している。また一方、復学、就学継続の希望のある利用者に関しては、学生相談室や事務方とつながるだけでなく、学内の教員にキーパーソンを見つけ、メール等でやり取りをしたり、随時学校に足を運んで共通理解を図っている。顔の見える関係づくり、連携を通して、合理的配慮の依頼にとどまらず、出席が危うい状況になった場合になんとか単位習得につなげられないかといった、かなり踏み込んだ相談もさせてもらっている。

医療機関に関しても同様である。利用者がかかっている精神科の主治医とは、受診同行等でできるだけ顔を合わせ、エンカウンターするようにしている。加えて、スタッフからみた日常の経過をまとめた文書を受診時に主治医に渡してもらうなどして、日頃からの利用者の評価や見立てを医師としっかり共有できるようにしている。その積み重ねで、利用者の不調時や緊急時に、電話連絡、手紙等で比較的すみやかに対応してもらうことができ、服薬調整や関係機関に提出する意見書の記載内容に、いち公認心理師である私たちスタッフの意見や見解も取り入れてもらえることが多い。

そして、中でも重要なのは、家族とのつながりである。Color の利用者は年齢的に家族の影響を大きく受けている場合が多く、ご本人の希望実現を支援していくためには、家族の理解、協力が必須である。にもかかわらず、利用者はおそらく早期から育てにくさがあったであろう方々が多いためか、所属先（学校など）からの連絡や面談に家族もよい思い出がなく、支援者からのアプローチにとても敏感で、警戒心も強い。したがってColorでは、何かあったときにではなく、早い段階から家族と接触を図り、面談や電話連絡などもこまめに行い、風通しのよい関係を築けるよう努力している。

福祉サービスと公認心理師

ここまで、Colorでのグループ支援、個別支援について述べてきたが、いずれにせよ支援をするうえで重要なことは、利用者も支援者も味方をいかに見つけられるか、作れるかにあると感じる。

心理の仕事は、カウンセリングや集団療法といった、限られた場所と時間のみで利用者とかかわり、関係者との連携はよほどのときになって初めてなされるような印象がある。しかし、Colorは福祉サービスということもあり、各関係機関とのつながりが早い時期から発生し、それに伴い同行、出向いての業務も多くなる。それは、先に述べた家族、医療、学校にとどまらず、居住地のケースワーカー、計画相談の担当者、利用者によっては就労先、グループホーム、訪問看護、就活関連の社会資源、児童相談所など多岐に及ぶ。

一見大変なことのように思えるが、結果、利用者がグループ支援を通して味方を得て元気になるのと同様、支援者も連携を通して味方を増やすことで、同じ方向を向き、同じ熱量で利用者にあたれる同志を得るのだ。ときには新たな視点や知恵を得ることもあり、業務の刺激にもなり、支援の力になることもある。なお、Colorでは幸い、複数の公認心理師が一緒に業務にあたることができる環境であるため、日常的に味方の存在を感じとれるのも心強い。つまずいたときでも身近でそれを見守ってくれる同志がいることは、とても力になり、励みになる。

最後に、このような支援を通して一歩を踏み出したColor利用者の動向は以下のとおりである。登録者三二人中、新入学・復学者は、高校一名、大学三名で、翌年度入学予定者は大学三名、専門学校二名であった。入学・復学後の学業継続者は、高校五名、専門学校一名、大学七名であった。なお、就労開始、継続者（アルバイトも含む）はのべ一一名であった。

リカバリーカレッジ

「三鷹のリカバリーカレッジは三鷹市が提供する市民講座です。メンタルヘルスに興味のある方なら誰でも参加できます。一番の特徴は精神的な困難の生きた体験を持つ当事者と支援者が、一緒につくって、進行しているところです」

リカバリーカレッジは毎回このことばから開始する。リカバリーカレッジとは、精神的困難を体験した人が「症状を減らす」から、「リカバリー」すなわち満足のいく人生の再構築へと焦点を変えていく場のことである。二〇〇九年にロンドンでNHS（国民健康サービス）がサービスの一環として提供したのが最初である。それ以前にもアメリカにリカバリー教育の場はあったが、当事者と支援者が共につくり共に学ぶような場ではなかった[1]。

リカバリーカレッジの講師には精神疾患を体験した方も多く、精神科サービスの利用者、家族、支援者など、多くの受講生に希望を与えてくれた。精神疾患を体験しながらも、充実した満足のいく人生を送っているピア講師との学び合いから得るものは大きく、リカバリーカレッジはイギリス国内外に瞬く間に広がった。

ちなみに「ピア」とは「仲間、似たような体験を持つ人」などを意味するが、精神科サービス分野のピアサポーターは、疾患を含む生きた体験を「主体的に開示」して仲間のサポートに活かそうという志を持つ人であると理解している。

日本ではすでにピアと共に学ぶ機会を設けていた当法人が、三鷹市より委託された精神のピアサポート事業の枠内で、二〇一三年から市民講座として開校したのが最初である。一〇年を経過した二〇二三年現在、三鷹の受講生はのべ一万人を超え、日本全国でも一二校が開校している。

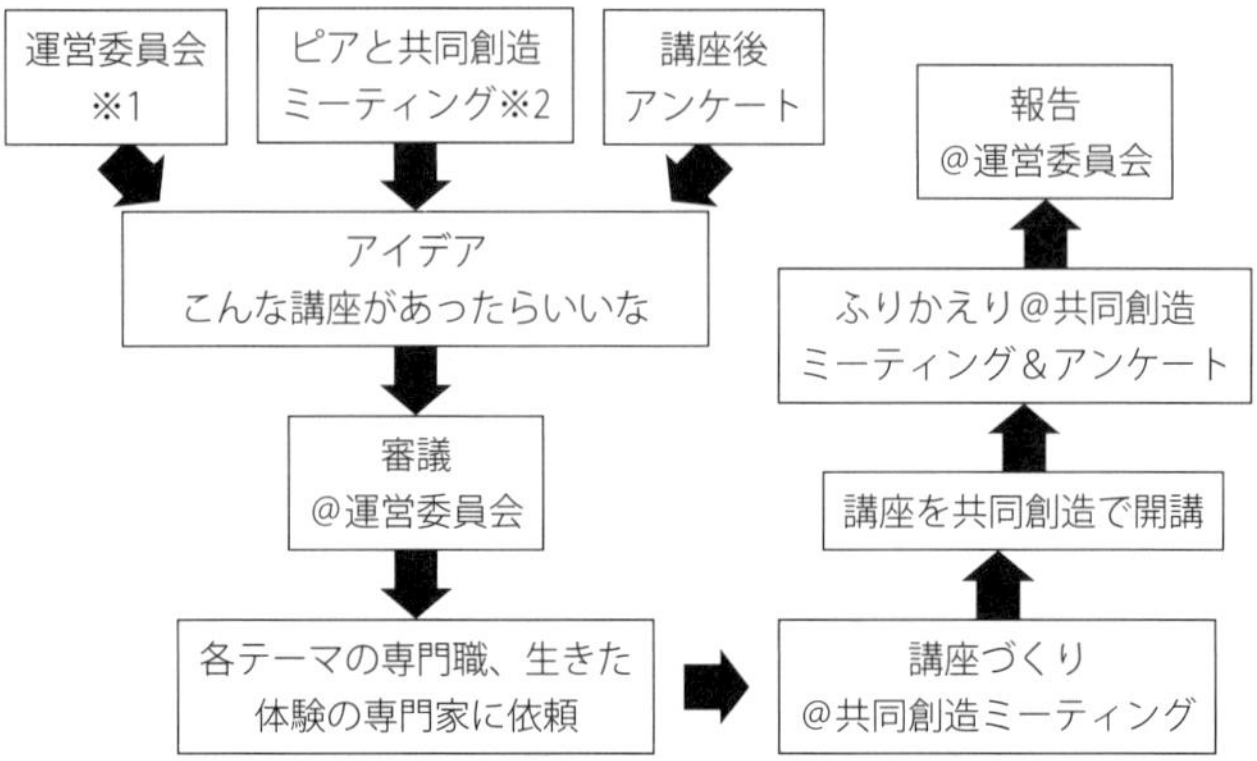

※1：ピア、大学教員、精神科の専門職、行政職員などからなる。
※2：現在講座づくり、進行を共に行うピアのボランティアチームとのミーティグ

図4-1　講座のつくり方（共同創造プロセス）

共に講座をつくり、進行する

コ・プロダクション（共同創造）とはサービスの提供者と利用者が共に取り組むプロセスである。現在、三鷹のリカバリーカレッジでは、カレッジの特徴の中でもこの共同創造を特に重視し、講座づくりを行っている（図４－１）。

たとえば人生を再構築する手段の一つとして、障害年金制度について学びたいという要望がアンケートにあがったとする。事業担当の主な仕事は、①ピアサポーターとのミーティングで講座の必要性を検討すること、②障害年金受給の生きた体験を持つ市民と社会保険労務士に協力を依頼すること、③講座づくりの共同創造ミーティングで受講生のリカバリーに役立つ演習づくりを促すこと、④講座当日に「学び合い」を促すこと、である。講座の分野によって精神科医、大学教員、行政のケースワーカー、

表4-1　リカバリーカレッジの講座（2023年１月現在）

リカバリーへの道	セルフケアの方法を学ぼう	こころとからだ
リカバリー入門	WRAP（元気回復行動プラン）	のんびりアロマヨガ
ピアサポーター養成研修（入門／上級）	当事者研究ミーティング	マインドフルネスを体験
Telling your story	元気に音楽を聴／効こう	みんなどうしてる？（食事、運動、睡眠、自分の時間、お通じ）
リカバリーの実践に向けて	さびしさの当事者研究	太極拳
どんなものかしら私って●	はじめての認知行動療法	三鷹の歴史文化探索
働くことが与えてくれるものを考えてみる	エンカウンター	ウォーキング
リカバリーを目指して何をしていくか？★	アロマテラピーとタッチングケア	糖尿病当事者研究
意図的なピアサポート（IPS）	ストレスと上手く付き合おう	こころとからだをほぐす運動
リカバリーに大切なアイテム（障害年金／生活保護／社会保険編）	気分の波について★	料理教室―太りにくい料理編
ピアスタッフに聞いてみよう●	自尊心について	高尾山でココロもカラダもリフレッシュ
症状の背景にあるもの―生活臨床★	私の病院の使い方	こころ・からだ・くらし●
恋愛におけるワタシのトリセツ●	感情表現について●	
私の人生の主人公は私	みんなどうしてた？ With コロナ	
自分を発見！“遊び直し”講座	患者力を高める方法	
オンライン茶話会●	アンガーマネージメント	
他	精神科医にきいてみよう★	
	発達障害について★	
	あなたと私の境界線―バウンダリー	
	他	

★＝精神科医と共同　●＝ピアスタッフ主導　※それ以外は多職種

声優など、さまざまな関連職種との協働が必要となる（表4－1）。

精神科領域で共同創造に一〇年取組んで実感するのは、サービス利用の生きた体験をもつピアが、良質なサービス提供にとっていかに貴重な財産であるか、ということである。以前「自尊心について」という講座を開講したことがある。未熟な心理師である担当者は演習づくりでついつい低い自尊心を「高める」「問題を直す」ものを用意したくなってしまう。「あなたの自尊心を高めるにはどんな方法がありますか？」である。一方で、ピアとの共同創造でできあがった演習は「あなたが『自尊心』を自分の言葉で言いかえるとしたら？」であった。ピアの中には、そもそも「自尊心を高める」ことが「自分らしさ」になじまないと感じる方や、自尊心の教科書的な定義に違和感を覚える方もいる。自分のことばで自尊心を定義するこの演習では、すべての受講生から次々とことばがあふれ出て、講座満足度も非常に高いものとなった。

心理師ならではの視点

公認心理師の仕事の一つに「心の健康に関する知識の普及を図るための教育及び情報の提供」というものがある。「専門知識の普及」は職務と自覚する一方で、「専門職が『正解』を知っている」と受け取られてしまう可能性には注意が必要である。「正解を知っている」専門職に「問題」の部分にフォーカスされ続けていると、いつのまにか「私＝問題の人」になってしまう。これはサービス利用の生きた体験を語る人から時々聞かれる話である。本来心理職は個々の多様な価値観に寄り添うのを得意とする集団である。専門知識を活かしつつ立場を越えた対等な学び合いから、より満足度の高い講座を共同創造するのに向いているのではないか、と思うのである。また、心理師は「ことばの力」に価値を置く集団でもある。実際イギリスの支援者向けの講座では「リカバリーを促すことば・阻むことば」をテーマにしたピアサポーターとの学び合いに丸一日を費やすのである。

リカバリーカレッジの今後の課題

一〇年を経て感じるのは、リカバリーカレッジには二つの役割があるということだ。一つは受講生の自尊心が育まれる場、もう一つはピアサポーター養成の場である。

リカバリーカレッジは、失敗が怖い人、不器用な人、怒って壁に穴をあけてしまうような人も「これでいいのだ」を感じて安心して参加できる場である。先輩たちが世の中的な「NG」体験を意味あるものとして（ときには爆笑を交えて）研究する場にいるだけで、いつの間にか自分も「OK」になっていく。誰もが温かい雰囲気の中、お互いをリスペクトして学び合える場づくりに試行錯誤してきた一〇年である。そして、そんな「温かい」場づくりには、ピアサポーターの存在が不可欠なのである。

リカバリーカレッジで自分なりの自尊心が育まれ、スキルを身に付けたピアサポーターが働く場をまちなかにどう増やしていくか、これが今後最大の課題なのである。

心理師の仕事の多様性

筆者の一人である田尾自身、大学の専攻は心理学であった。しかし最初に出会った対象者が精神科病院の長期入院の患者だったため、患者当事者への働きかけよりは、彼らがありのままで受け入れてもらえるための地域社会への働きかけ、環境調整の仕事が大きかった。対象者の必要に合わせて自身の仕事の内容を変えていくというのが、若いうちに私が学習したことだった。公認心理師の強みは、利用者の話をじっくり聞き、形成した信頼関係を基盤に利用者の力をつけていくことにある。そこに、その利用者にかかわる環境調整や関係者との連携を形成する力をつけていけば、これほど強い味方はない。

巣立ち会が行ってきている障害福祉サービスの分野では、利用するのに市区町村で認定を受けなければならないという条件があるものの、個別の人たちへの支援については誰からも指示されることがない。医療現場における医師の指示や、行政機構（教育委員会や法務省関係といった）における上司や組織の判断といったものに左右されることがないのである。当事者と私たちが共同でもっとも本人が望む未来に向かえるのだ。障害福祉サービスは障害者自立支援法ができた当初に比べるとサービスの供給が増えており、運営・経営も難しくなってきているが、それでもこの自由さは他の分野に代えがたい魅力がある。

　こうした法律が整備されるまで心理職は、当事者から直接対価を支払ってもらうか医療・行政の中でサービス提供するしか道がなかった。この新たな第三の道に多くの公認心理師が参画してくれることを期待するものである。

おわりに

　筆者の一人である田尾が精神科病院に勤務し始めた一九七八年から心理職の国家資格化の話はあった。しかし実現したのは二〇一七年である。四〇年もの時間が経過してしまった。四〇年前のように、日本が経済成長を遂げている時期ならば、いろいろな場面で、この国家資格が生かされたかもしれない。社会保障費が膨張し、多大な赤字国債が発行されるという国家財政の危機を迎えている現在、新たな国家資格に付与される財政的な権限は限られたものになる。同じことが精神保健福祉士の国家資格化のときにも言われたが、それでも時間経過の中で、精神保健福祉士が必要とされるポストは広がってきている。それを思えば、公認心理師も同様の経過をたどる可能性は高い。

公認心理師は社会に必要とされてきたにもかかわらず、社会的な認知や期待されるポジションがまだまだ低い。常勤雇用のポストの少なさがそれを象徴している。しかし、先述したように、視点を変えれば、社会で得られるポストはまだまだたくさんあるということでもある。既存の考えにとらわれず、さまざまな場所で公認心理師ここにありといえるよう、活躍してほしいと切に願うものである。

〔文献〕

（1）「リカバリーカレッジの一〇年」『本物だから役に立つ　こころの健康図鑑』https://kokoro-zukan.com/archives/443

5

ひきこもりと歩み続けた三五年のウチとソト

井利由利
茗荷谷クラブ

はじめに

本書の編者である津川律子先生に「茗荷谷クラブのことを書いてくれればいいですよ」と依頼を受けたときに、青少年健康センター「茗荷谷クラブ」が公認心理師の活躍場所として認めていただけているのだと思い、大変嬉しく感慨深いものがあった。同時に心理師の方々にうまく伝えることができるだろかと責を重く感じている。

私が所属する「茗荷谷クラブ」は、公益社団法人青少年健康センターの相談・居場所部門である。センターは、一九八五年に設立。茗荷谷クラブは一九八八年一月に開所された。筑波大学社会医学系助教授（当時）の稲村博が起草したセンター設立の趣旨書を要約すると「青少年の全人的な向上、発達を図るとともに、大きな社会問題となっている登校拒否・無気力症をはじめとする精神的な現象などの予防並びに健全育成の諸活動を行う」とある。当時、精神科医であった稲村博は、若者に対する行政の支援がまったくない中、不登校や無気力症や、いわゆる精神疾患を抱えながらも、どうにか一般社会の中で生きようともがき、病院のデイケア以外に行き場所もなく、家族も疲弊し、関係が悪化していく状況を見るにつけ、その予防と支援を目指しセンターを設立した。当時のわが国においては先進的なものであったように思う。二〇一四年に「公益社団法人青少年健康センター」として内閣府より認可され、今日に至る。茗荷谷クラブは、以後三五年間活動を続けている。

「茗荷谷クラブ」は、三五年の歴史の中で地域にとけこむために自治体との関係づくりを行ってきた。以下に記す。

・東京都若者社会参加応援事業登録団体（二〇一一年〜）として他の登録団体NPOとの関係づ

くりを開始した。若者共同実践全国フォーラム（ＪＹＣ）に参加し活動紹介などを行った。ひきこもりにかかわるＮＰＯの支援者から多くのことを学ばせていただいた。

・自治体委託事業

①文京区ひきこもり等自立支援事業「ＳＴＥＰ」（二〇一四年～）
②世田谷区若者総合支援センター「メルクマールせたがや」（二〇一四年～）
③台東区若者育成支援推進事業（二〇一六年～）
④葛飾区若者に関する相談事業実施委託（二〇二〇年九月～二〇二一年三月）
⑤千代田区（二〇二二年三月～）

各自治体によって事業への重きの置き方や予算は違っている。実際の支援現場では、どこまでその地域にとけこむことができるか、その地域性の把握、支援の地盤が整備されているか等、課題は多い。また自治体が定める予算が非常に重要となってくる。その自治体がひきこもりや生きづらさを抱えた若者の支援に対しどれほどの重要性を認識し、予算を定めるかによって、私たちの事業も大きな影響を受ける。特に人件費がどれくらい用意されるかは、心理師として生業を立てている私たちにとって生活にかかわることである。実際にこの予算では心理師の人件費を払えず、人数を削減しては私たちの考える支援ができない、ということで見送った案件もある。

本書では、茗荷谷クラブの本拠地がある①について記載していく。

ひきこもり支援の変遷

多くのNPOがまちにとけこむことでひきこもりを支援してきた。たとえば、学習塾をやっている中で、不登校やひきこもりの方と出会った先生たち、親御さんたちが、ひきこもりのための学習支援、ひいては居場所を創設してきたなどのケースがある。彼らは、多くの知見と経験に基づき、なんとかしなければという情熱でそうした活動をしてきた。地域のこうした方々によって、どれほどひきこもりや不登校の青少年が救われてきたことかと思う。現在はこうしたNPOの現場で働く心理師も増えてきた。おそらく、公認心理師としてのアイデンティティが揺らぎながらも日々苦闘しているのではないかと思う。本書が少しでもエールを送る書になればと願う。

一方、茗荷谷クラブは、開設当初医療系から始まったこともあり、地域にとけこむというよりはむしろ、地域には知られたくない、近所の目が怖いといった若者たちをどう守っていくかを重要視していた。開設当初は臨床心理士の資格もまだなかったが、それでもスタッフは、カウンセリングのマインドをどう生かしていくか、日々ミーティングを重ね、ケース会議を毎回二時間以上、時には夜を徹して行っていた。

そして、社会のひきこもりに対する認識は時代の流れとともに変遷していった。まずは少しそこに触れてから現在の私たちの活動を紹介していこうと思う。

・一九八〇年代後半：笠原嘉「退却神経症」「スチューデント・アパシー」など、若者の無気力化が問題となった。部分的に学業からひきこもる若者の存在が認識された。
・一九九〇年代：不登校問題は一九七〇年代からあり、一九七〇年代後半には不登校の長期化が問題視されるようになった。つまり、子どもが動きだすことを待ちつづけることは、不登校とその後のひきこもりにつながる可能性がある。そして、不登校とひきこもりが分化され、ひきこもりの存在が認知されるようになった。
・一九九八年：斎藤環『社会的ひきこもり』発刊。[1] ひきこもりが一気に社会問題化した。
・二〇〇〇年：佐賀バスジャック事件、新潟少女監禁事件があり、衝撃的事件によって「ひきこもりは犯罪予備軍？」などの偏見が広がり、斎藤環（現・青少年健康センター会長）がメディアに多く出演し、ひきこもり者に対する偏見の払拭と現状について語った。
・二〇〇一年：厚生労働省が全国の精神保健福祉センターと保健所に対応のガイドラインの暫定版を通達し、二〇〇三年には最終版が出された。
・二〇〇四年：玄田有史、曲沼美恵『ニート』が出版され、[2] ひきこもりとニートとの定義があいまいとなり、とにかく就労させれば問題は解決するなど、短絡的ともいえる支援が横行した。
・二〇〇九年：子ども・若者育成支援推進法が成立し、これまで支援がなされてこなかった一五歳〜三九歳までの困難を抱えた若者への支援の必要性がようやく認識された。
・二〇一一年：東京都若者社会参加応援事業が開始。
・二〇一九年：川崎殺傷事件、元農水事務次官長男殺害事件。

そして……ひきこもりの数は約三〇年間、増加の一途をたどっている。ロスジェネ世代と日本社会の「失われた三〇年」[3]とリンクしていることも忘れてはならない。二〇二三年には、ひきこもりが推計一四六万人とされている。これは、一五歳から六四歳のうち約五〇人にひとりがひきこもり状態に該当することになる。ひきこもり状態は複合的重層的問題を抱えていることが焦点となり、長期化による高齢化、生活困窮、介護、医療につながらないグレーゾーン者の存在など問題は多様化している。東京都では、ひきこもりにかかわる事業が青少年治安対策本部（当時）から保健福祉局に移管された。もはや、ひきこもりは若者支援だけでは対応できないということである。

新たな問題として、八〇代の親御さんの福祉を担う者が家の中に五〇代と思われるひきこもりの人を発見。しかしどうかかわればいいのか、どこに相談すればいいのかわからず、支援もできないという現状が多く報告されるようになった。これを八〇五〇（はちまるごーまる）問題という。

さらに、発達障害とひきこもり（ひきこもりの約三割は発達障害やその疑いの人）、高校中退とひきこもり（高校不登校や中退、通信制高校に入学したが人間関係が持てず居場所がない）に見られる一八歳で教育相談と切れてしまう「支援の切れ目」からひきこもりに至る問題など、幅は広い。

こうした背景の中、私たち心理師が、さまざまな地域の機関や多職種の方とつながっていく必要性が益々増している。では、私たちはどのようにまちにとけこんでいけばいいのだろうか？次に、茗荷谷クラブの事業を紹介し、いかにして地域にとけこむかを述べていきたい。

茗荷谷クラブの活動

茗荷谷クラブは、青少年健康センターの「相談・居場所部門」であり、「相談」「居場所」「社会参加準備支援」「家族支援」を行ってる。

青少年健康センターでは家族への支援として「ひきこもりダイアローグ講座」（斎藤環講師）を月一回開催している。

「茗荷谷クラブメンタル部門相談室」では、個別カウンセリング、心理検査、家族のみの相談や家族療法を行っている。

八〇五〇問題については、サバイバルライフプランについての講座や個別相談を実施している。サバイバルプランとは、四〇代、五〇代のひきこもりが、働かなくても生きていける、親亡き後の生活を保障していくために今何ができるかファイナンシャルプランナーと考えていくものである。

私たちは営利を目的としない公益社団法人であるが、活動を続けていくために利用料をいただいている。ただし、受託している区民に関しては、相談料、居場所の無償化（各区によって異なる）がある。

茗荷谷クラブの特徴

居場所には一九歳から四〇代後半までの方々が通ってきている（図5－1）。

私たちは、彼らの抱える課題を問題とみなさず、ただ一緒にいようとする。多様な利用者を変えることではなく、そのままのあり方で共にいようとする。基本は「あなたのことをもっと知りたい」である。スタッフそれぞれの個性が生きること、できる限り対等な関係性を保つ（支援―

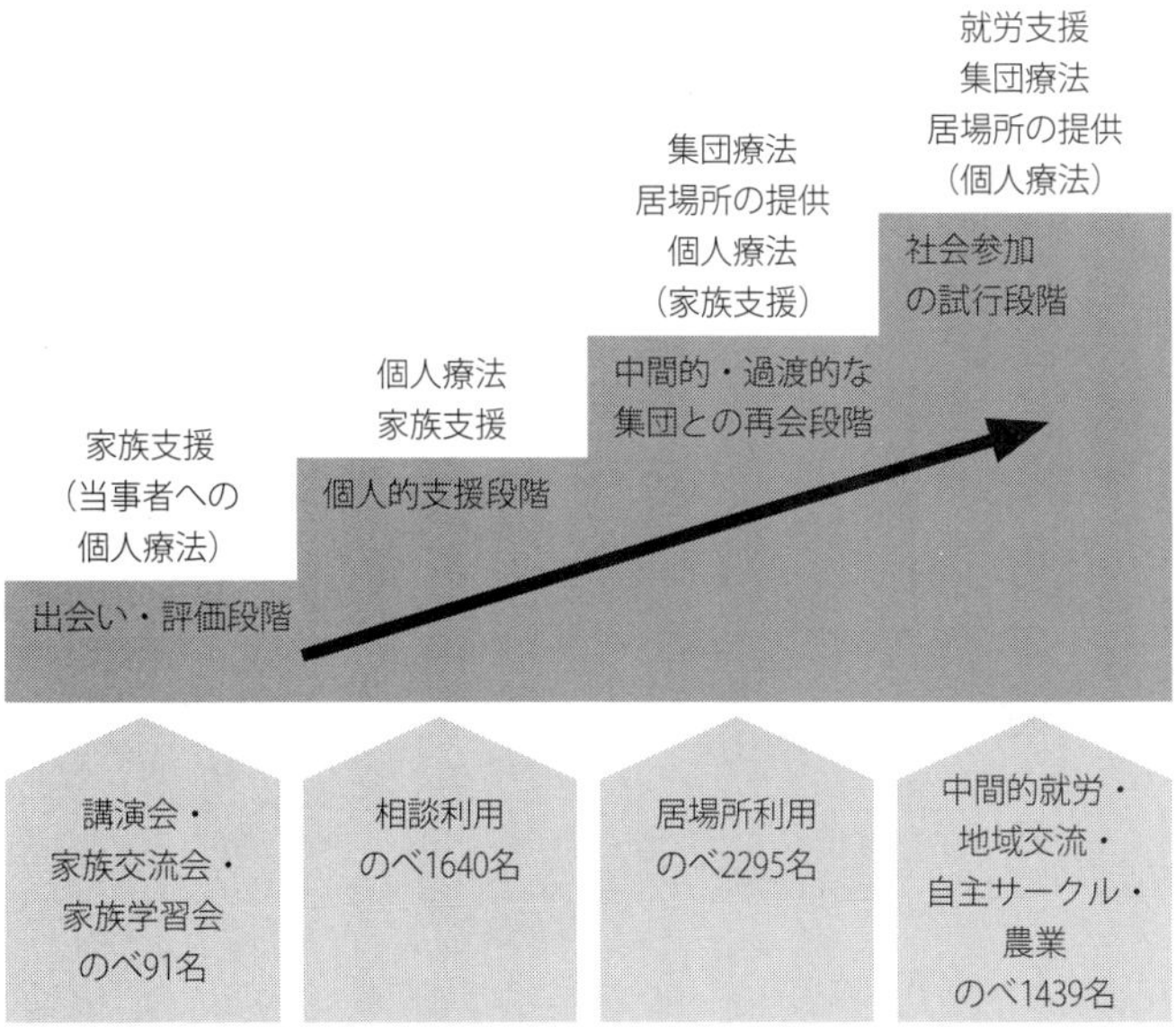

図5-1　「ひきこもり支援の諸段階」と年間利用件数（2021年度）
「ひきこもりの評価・支援に関するガイドライン」（厚労省、2010）に重ねて作成

被支援ではなく）こと、その中で複数人での対話を重視し、グループの中でボールを投げたら必ず受け取ってくれる、投げ返してくれる場であることを大切にしている。強制されず、成果を求めない。なぜなら「目的」のある支援は居場所支援ではないからである。

具体的には、①担当制ではなく利用者が必要に応じてかかわる人を選ぶ、②メンバー対スタッフ（全員臨床心理士・公認心理師）の人数がほぼ二対一、③居場所とカウンセリングの相補的援助を重視し続けてきた。結果として利用者に変化がみられるが、それは「目的」ではなく副産物である。

「ほっとスペース」「SSTグルー

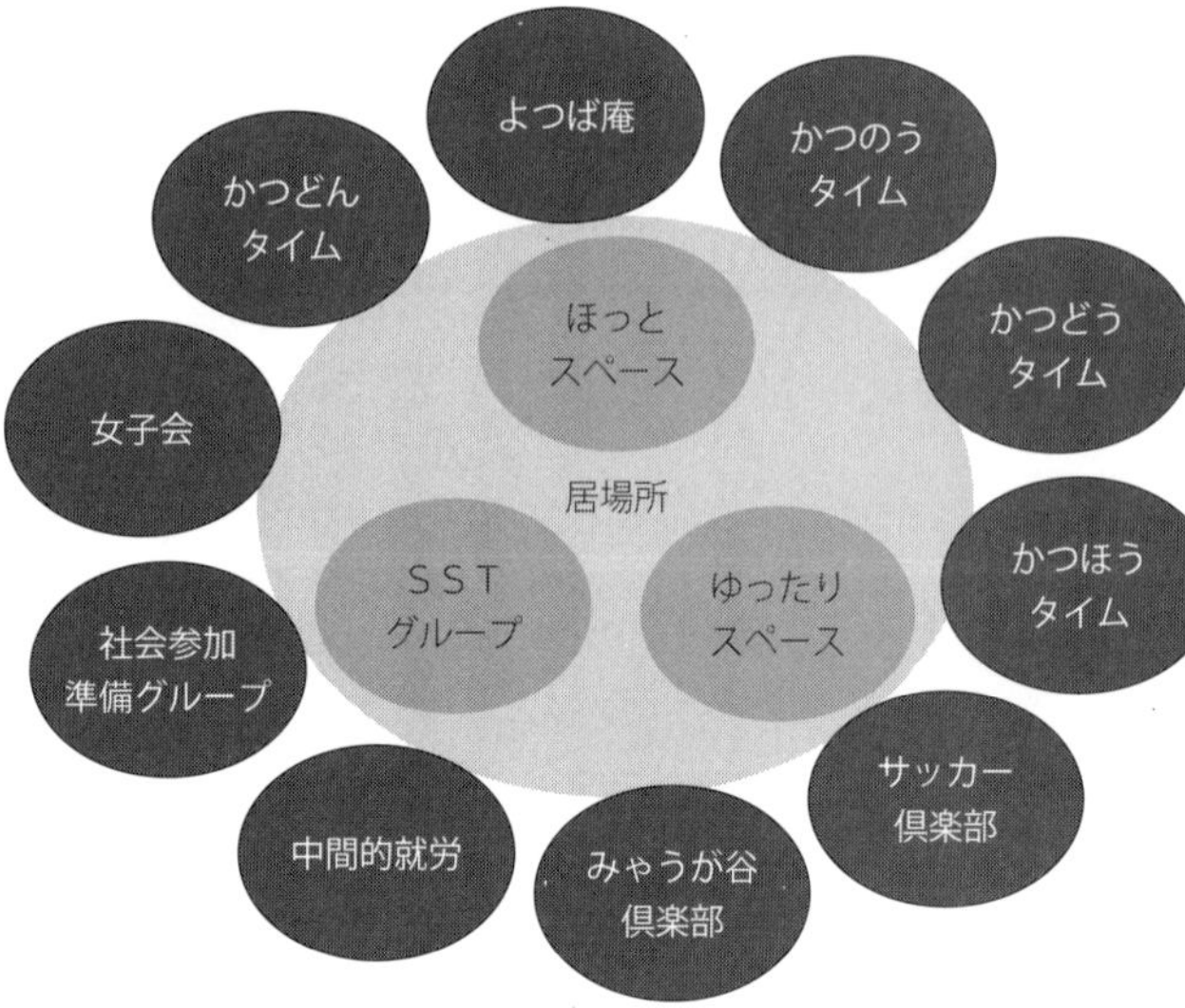

図5-2　茗荷谷クラブの居場所活動

プ」「ゆったりスペース」の三つの居場所を中心にさまざまな活動を行っている（図5－2）。

フリータイムは各々好きなことをして過ごす。ボードゲームや麻雀、おしゃべり、音楽、喫茶店、スポーツ、散歩などさまざまである。プログラムタイムでは「コミュニケーション」「対人関係」「自己理解」についてスタッフがグループワークを考案し、同じチームメイトとしてグループワークを行う。自身の家族関係や人間関係について作図やワークシートを使って気づきを促すものや、価値観や自身の考え方の癖に関して認知行動療法を通して学ぶもの、リラックスワークやヨガ、絵画やコラージュ、スクィグル、コミュニケーションとは何かを簡単なロールプレイやアサーション理論のグループワーク、課題解決ワーク、コンセンサスゲームなどで学ぶなど、そのときの利用者に合わせてさまざまに企画、実践している。

加えて、月一回のイベントを行っている。イベントは季節感を感じられるものと、さまざまな利用者が、自分の強みを発揮できるように、フットサル大会やソフトボールやボウリング大会などスポーツを楽しむもの、また年一回の文化祭では実行委員のもと、ライブカフェでのバンド演奏や歌、得意な作品などの展示会を行っている。

その他、簡単な事務作業のお手伝いや自主的サークル活動として、料理やお出かけ、「サッカークラブ」もある。農業の「かつのうタイム」では、畑にて、作物の収穫や店頭販売を行っている。オプションとして、四〇代以上の方の居場所「よつ葉庵」、「女子会」、夜のカフェで出入り自由な「ゆったりカフェレオン」がある。

茗荷谷クラブは、利用者の生きる意欲、何かをしたいという気持ちが育つための土台作りを行う居場所である。コンセプトとして四つの理念がある。「寄り添い」「活動」「仲間」「主体性」である。私たちは、彼らのニーズを掘り起こし、育てるためには「主体性」を最も重視すべきと考えている。

まちにとけこむために行っていることとして、みゃうが谷倶楽部がある。ここでは、地域の他の居場所とのボランティアなどのコラボ活動を行っている。利用者が、地域の人とかかわる機会である。スタッフはこうした活動を進めるべく社会福祉協議会等と定期的に連絡会を持って親睦、情報交換、地域をよくするための話し合いを続けている。また専門性を生かして、地域の多職種の支援者の相談に乗ったり、助言を求めたり、アウトリーチを協働して行ったりなど、日々、協働、連絡、助言を重ねている。また、スーパーバイザーとしての役割を担っている。

日々のケースの積み重ねにより、少しずつではあるが、心理師として、地域に認めてもらえるようになってきていると思う。

社会参加準備支援

居場所で自分らしく過ごすことができるようになると、多くの方は就労を目指していく。本人の自己決定のプロセスを大事にし、そのタイミングでのハローワークや若者サポートステーションへの同行や、障害者就労移行支援事業所へ同行を行っている。

また、働くことに自信がなく、面接不問で短時間就労で準備したいという人のために、茗荷谷クラブ独自の中間的就労を行っている。まだまだ受けてくれる会社が少なく、道半ばである。商店街や地域の会社などと顔見知りになり、中間的就労の受け手になってくれることを望むが、こうした活動をするには営業力と身軽さが必要になる。心理師としては、さらなるスキルの絶えざる学びが必要であろう。現在は、就労支援を得意とするNPOとのつながりやソーシャルファーム企業にアクセスすることで乗り切ってきている。

家族支援

ひきこもり支援は見えない支援とも言われ、当事者となかなか会えない。したがって、まずは家族と会い、家族を通して間接的に支援することになる。実際には「居場所や相談に行ける子はいいけど、うちは……」という方が潜在的に非常に多い。地域にとけこむには、家族とつながることが必須となる。家族はさまざまな地域の機関を行ったり来たりしながら、自分自身が安心して居られる場所を求めている、そして一緒に悩みを話したりぶっちゃけたりできる仲間を求めている。支援者がいかにそのつなぎができるかが大きな鍵となる。

茗荷谷クラブでは家族会を月一回（講演会や個別相談会を含む）行い、各回で簡単なレクチャーと家族交流会を行っている。基本的には、家族が元気になり、自分たちの力を信じ、自分のために生きることで息子や娘のひきこもりからの脱出を促す。

ひきこもりの長期化には、長期化に至る家族関係があるという前提をまずは考える。ただし決めるつけることはせず、また家族の誰それが悪いとは考えない。循環的因果律としてとらえ、その悪循環から脱却するためにどうしたらいいのかを当の家族とあるいは家族全体で取り扱い、共に考えることを行う。原因を探るのではなく、今の状況から抜け出すのに家族に何ができるかを考える。ひきこもり個人の問題ととらえず、家族との関係性に着目する。ただし、ひきこもり本人が成長していくことを信じ、私たちのパートナーになれるようにまずは家族をエンパワメントすることである。関係性の中にある子どもの自立が難しい機能不全家族の三角関係や共依存といった問題も心理師ならではの着想である。

まちにとけこむ公認心理師

ひきこもり支援は、個人カウンセリングに加えて、地域にあるさまざまな居場所や就労支援機関とネットワークを広げ、頻繁に顔を出し、きめ細やかに連絡を取りながら伴走することを目指していると述べてきた。「連携」は、まちにとけこむために重要なキーワードとなる（図5－3）。

ひきこもりは複雑で重層的な問題をはらんでいるがゆえに、一つの支援機関での支援では不十分である。自治体との連携・協働がまちにとけこむことを可能にするツールとなる。茗荷谷クラブと自治体（前掲①）との協働の流れを以下に示す。

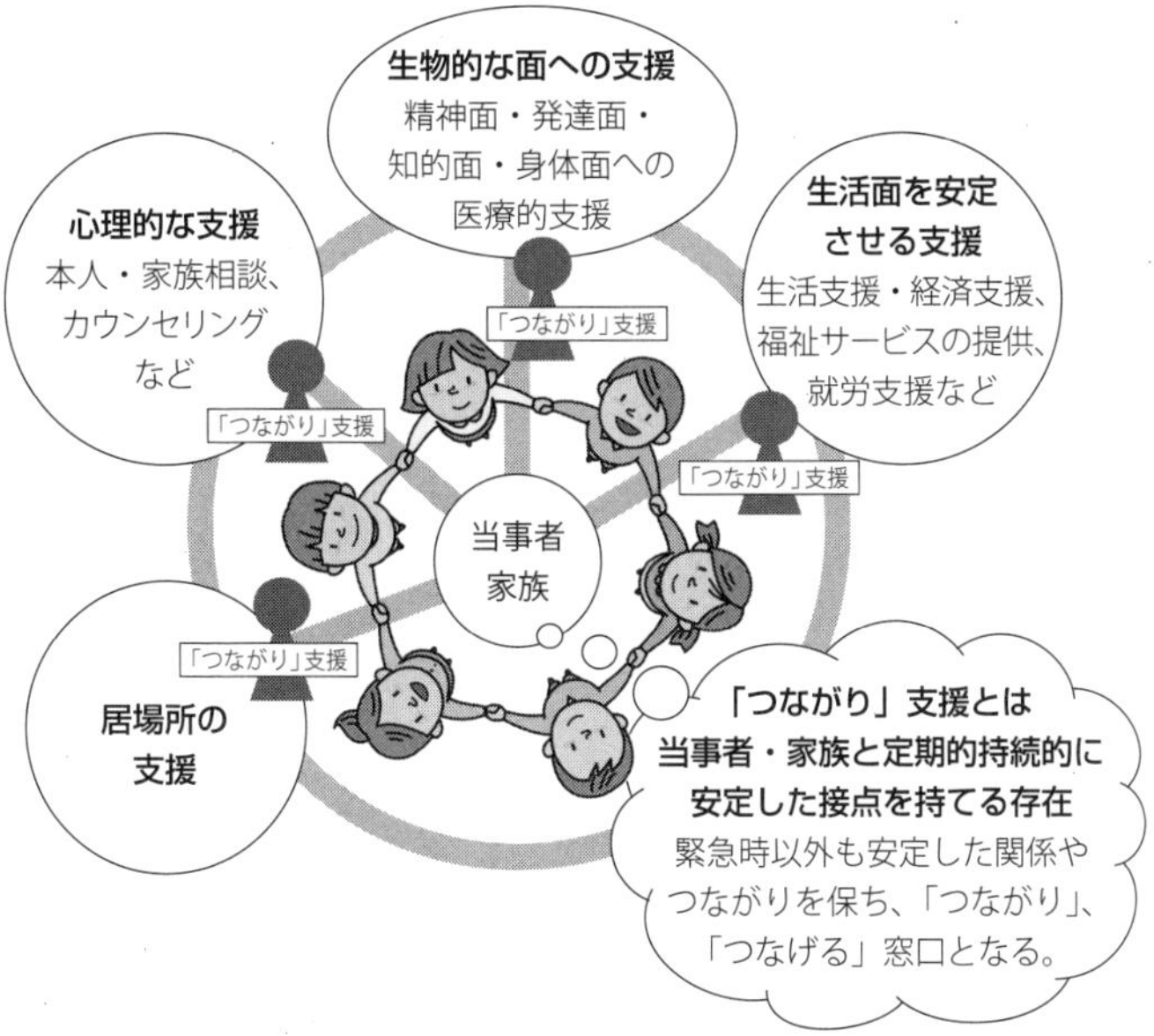

図5-3　当事者を中心としたスクラム連携

・二〇二〇年、それまでの年齢制限（高校生世代から三九歳）を払い、全世代を対象にする。
・児童青少年課から生活福祉課へ移管。
・文京区ひきこもり支援センターを設置。
・ひきこもり等自立支援会議を設置。参加機関は、庁内（福祉部、教育推進部、区民部、保健衛生部）、庁外（茗荷谷クラブ、社会福祉協議会、障害者基幹相談センター、障害者就労支援センター、生活困窮者自立支援事業受託事業者、東京しごと財団、民生委員・児童委員、青少年委員）
・ひきこもりサポーター養成研修（児童・民生委員、青少年委員）を実施

（年一～四回）。

・ひきこもり支援関係機関連携強化検討会（地区別事例検討会）を実施（年四回）。

・ひきこもり支援従事者養成研修（庁内関係機関、高齢者あんしん相談センター、介護従事者、教育分野関係機関など）を実施（年七～九回）。

他機関、多職種との連携について言えば、まずは会議や研修会による顔の見える関係づくり、そして、地域別の事例検討会や教育分野（教育相談員、ＳＳＷ、ＳＣ、学校教職員など）への研修会などを行ってきた。自治体の担当者と話し合いを何度も繰り返し、「この地に住んでよかった！」と思ってもらえる地域づくりを目指してきた。

まだまだひきこもりに関しては偏見がある。甘えている、お金があるからひきこもれる、親が甘やかしている、などなどである。こうした偏見がなくならない限り、どれほど家族が理解を示しても、本人も家族も、外へ出ることができない。私たちができることは、まちにとけこみ、そうした地域の偏見を払拭し、理解を求めることである。そして多くの地域の方々と一緒にそんな地域を作っていくことを考えたい。

二〇二三年度、茗荷谷クラブは、地域でさまざまな活動している人やひきこもりの親御さんが気軽に集えるカフェを作っていく。また、関心のある方に向けて行政とタッグを組んで、ひきこもりアウトリーチサポーター研修を行い、実際に地域の方に私たちと共に支援のお手伝いをしていただける仕組みを作った。長い時間をかけ、少しずつ、あきらめずにめげずに関係を構築してきた。

そして、心理師として今後大切なのは、連携のあり方における役割の自覚である。多職種が互いの専門性を生かし合い、何よりも本人の最善の利益を重んじ、守秘義務を守りながら、本人抜きで決定したりことを進めたりすることのないように本人を真ん中にスクラムを組んだチーム支援が求められよう。加えて、専門家と非専門家との連携の強化も欠かせない。一部の若者にとって、専門性がかえって敷居を高くすることにも留意が必要だろう。

いつも私が反省の意味も込めてこころにとめていることがある。それは「連携は包囲網になってはいけない」「連携とは、長所や可能性を発見することに一番の意味があり、それを共有することによって、彼を取り巻く環境が、彼を安心させ安定させるよい影響を与えるものになることを、目指しているのだ」「包囲網とは、彼の『問題』を封じ込めるためのものである」「彼の『問題』に焦点が当てられ、家や学校へ職場であったことを、直ちに専門家に伝えるということをしていると、それぞれの場が持つ良さが失われ、彼を追い詰めることになることがある」という言葉である。[4]

ひきこもり支援は、心理的支援とケースワークを同時にする、あるいはどちらを優先させていくべきかを的確に判断する必要がある。茗荷谷クラブの「ウチ」を守りながら積極的に「ソト」へ出ていかなければならない。福祉分野のケースワークから学ぶことは非常に多い。そしてまちにとけこむには、あくまで一人の人間として自身に何ができるかに真剣に向き合い、その枝葉としての心理師の持つ知見を活用することである。人の輪の中で話を真摯に聴き、謙虚な姿勢を持つことが大切であると考える。

〔文献〕

（1）斎藤環『社会的ひきこもり―終わらない思春期』PHP新書、一九九八年
（2）玄田有史、曲沼美恵『ニート―フリーターでもなく失業者でもなく』幻冬舎、二〇〇四年
（3）五野井郁夫、池田香代子『山上徹也と日本の「失われた三〇年」』集英社インターナショナル、二〇二三年
（4）青木省三『ぼくらの中の発達障害』ちくまプリマ―新書、二〇一二年
（5）石川良子『ひきこもりの〈ゴール〉―「就労」でもなく「対人関係」でもなく』青弓社、二〇〇七年

6

公認心理師がサポートする新しい学びのカタチ

宮崎圭祐
サイクロス

心理臨床家集団、株式会社サイクロス

筆者は現在、二〇二一年に設立した株式会社サイクロスの代表を務めている。社名のサイクロスは「心理学（Psychology）×X」を表している。弊社は「心理学の専門知を活用して、一人ひとりのウェルビーイングに寄与する』ことをミッションとし、公認心理師・臨床心理士がチーム

となって心理臨床の専門知を活かした専門的な支援を提供している。職員が全員公認心理師・臨床心理士の資格を有している組織である。

主たる事業は、小学生、中学生、高校生を対象とした学び方を学ぶための学習塾「あすはな先生」事業である。

あすはな先生では、自分にあった方法で自ら学び続けることができる「自立した学習者」を一緒に目指すことをアウトカム（子どもたちに提供したい価値・成果）としている。具体的には、心理学、認知科学、脳科学の知見を活かして、一人ひとりに合った学び方を分析し、子どもたちが自分に合う学び方で学べるようになることをサポートするための個別学習塾、家庭教師、オンライン個人指導のサービスを展開している。また、児童養護施設・心理治療短期入所施設内での塾運営や、心理臨床相談室の運営も行っている。

筆者がなぜ公認心理師・臨床心理士としてこのような事業を行っているのか、筆者自身の自己紹介も兼ねて述べていきたい。

筆者は大阪市立大学大学院（現・大阪公立大学大学院）で心理臨床を学び、大学院修了後は大学病院の小児科や、医療福祉施設において、主に障害児や、その保護者への心理臨床を行ってきた。その後、あすはな先生事業に従事し、述べ五〇〇〇人を超える子ども・保護者とかかわってきた。

もともとあすはな先生事業がスタートした時点では、筆者はまだ大学院生であり、その事業にはボランティアスタッフとしてかかわっていた。当時「発達障害」という言葉が知れ渡りはじめた頃で、少しずつその支援も広がりを見せていたが、主に知的な発達の遅れを伴わない発達障害の子どもたちが支援の網からもれている現状を目の当たりにしてきた。特に「学習」という面においては、知的な発達の遅れがないのにもかかわらず、さまざまな困難に直面している子どもたちとの出会いが、学生時代の実習やボランティア体験の中で数多くあった。実のところ、筆者の弟も自閉スペクトラム症の診断があり、小学生のときから学習面を中心に、さまざまな面で困難に直面していたことを、子どもながらに筆者も理解をしていた。

特に学習の困難さは、主に思春期を迎える子どもたちにとっては、自信の喪失や自己効力感の低下などにつながってしまいかねない。実際に筆者もそのような子どもたちと数多く出会ってきた。はじめから誰しも勉強嫌いであったわけではないだろうが、学習の困難さが生じ、気がついたときには勉強嫌いにまでなっていた、勉強に対しての自信を失っていた、そのような子どもたちと出会うことが今も多くある。

しかしその一方で、学習面においては、子どもたち一人ひとりの個性や特性に合わせた個別のサポートがあると、これまでできなかったことや、つまずいていたこと、苦労していたことも、少しずつできるようになっていく。そして自信を取り戻していく。そのような子どもたちの姿も数多く見てきた。

とりわけ、小学校高学年から中学生ぐらいの子どもたちにとっては、学習がもたらす心理的影響は大きいのだろうと、当時心理臨床を学び始めたばかりの筆者も感じていたのは事実である。そして、何かそのような子どもたちのためにできることはないのだろうか、学習という切り口で一人ひとりのニーズに合った個別の学習のサポートができないだろうか、と考えていたことを覚えている。

そのようなタイミングで、筆者の大学時代の知人を通じて、あすはな先生と出会うことになった。これから本格的にサービスを提供し、拡げていこうとするタイミングでもあったが、その理念やコンセプトを聞いたときには「まさにこれだ！」という思いになり、衝撃が走ったことを今でも鮮明に覚えている。それからおよそ一五年近くにわたり、あすはな先生事業にかかわっている。そして現在はその責任者として、日々子どもたちや、その保護者とかかわり、学習という切り口から心理臨床を実践している。

あすはな先生について

あすはな先生の歩み

あすはな先生は、上木誠吾（京都文教大学人間学部臨床心理学科卒）と村中直人（京都文教大学大学院臨床心理学研究科修了）が設立した（株）クリップオン・リレーションズから派生する形で誕生し、まずは大阪で家庭教師派遣事業からスタート。その後、二〇一二年に兵庫県西宮市に学習塾を開所。現在は大阪市内にも学習塾を増やし、コロナ禍にはオンライン個人指導サービスも導入した。

これまでの利用生徒数はおよそ一〇〇〇人を超え、学習が難しくなってくる小学校高学年から中学生の占める割合が多い。また、発達障害の診断の有無にかかわらず、その傾向のある子どもたちが全体の六割前後を占めていた。その他、高次脳機能障害、起立性調節障害、不登校などさまざまな特別なニーズのある子どもたちもあすはな先生を利用している。また、児童養護施設・心理治療短期入所施設内において、施設の臨床心理士・公認心理師と連携し、施設内における学習塾運営も行っている。

このように述べていくと、特別なニーズのある子どもたちに特化した事業のように思われるかもしれないが、決してそういうわけではない。実際のところ、発達障害等のなんらかの特別なニーズがある子どもたち以外の子どもたちの利用も多い。保護者から「診断があります」「医師から紹介されました」などの問い合わせも数多く寄せられるが、一方で「勉強の仕方をわかっていない」「他の塾では合わなかった」「効率よく勉強できる子どもに合う方法を知りたい」「専門的な分析を受けたい」「子どもとのかかわり方や勉強の教え方を教えてほしい」など、さまざまな問い合わせがある。とはいえ、臨床心理士・公認心理師の専門家が学習のサポートをしているということや医療機関や行政機関、大学など専門機関とのつながりも多くあることから（そのような専門機関や専門家からの紹介で）、特別なニーズのあるお子さんの学習に関する問い合わせや、相談が数多くあるのも事実である。

また、大学生・大学院生時代にあすはな先生で学習塾講師、家庭教師講師などで活躍をしてくれていた卒業生が、公認心理師や臨床心理士の資格をとり、あすはな先生を必要としている方へ、あすはな先生を紹介してくれるなど、多方面で活躍する公認心理師や臨床心理士からの直接のリファーも年々増えている。

公認心理師・臨床心理士だからこそできる支援

それでは、実際にあすはな先生ではどのような取り組みをしているのか。公認心理師・臨床心理士が行う学習塾・家庭教師・オンライン個人指導は、他の学習塾等とはどこが違うのか。公認心理師・臨床心理士がどのように専門性を発揮して活躍しているのか。あすはな先生だからこそできることは何か。心理臨床の専門知と心理臨床経験を活かした、あすはな先生での支援の実際を述べていきたい。

あすはな先生の特徴は大きく三つある。

一つ目は、心理学的アセスメントに基づく学び方分析である。発達心理学、認知心理学、学習心理学、認知神経科学、脳科学など心理学を基軸として、その周辺領域も含めたさまざまな専門的な視点で子どもたちをアセスメントする。特に学習にかかわるであろう視点として、情緒（性格、モチベーションなど）、認知（情報処理のタイプなど）、発達（知的発達、発達段階、発達障害傾向など）、学力（学習到達度など）の面から精緻なアセスメントを行っていく。

たとえば、情緒面のアセスメントにおいては、性格（BIG5など）、動機づけ理論に基づくモチベーションのもち方、自己効力感や自律性、自尊感情のレジリエンスなどをアセスメントしていく。情緒面のアセスメントから、子どもたちとどのようにかかわればよいのか、どのように関係性を築いてラポールを形成していくのか、について考えていく。

認知面のアセスメントにおいては、視覚情報処理―聴覚情報処理、同時処理―継次処理、ワーキングメモリーなどの認知特性をアセスメントする。認知特性は、子どもたちが学習を進めるうえでも重要な視点となる。たとえば、視覚情報処理と同時処理が得意なお子さんであれば、講師がその特性に合わせた説明を行ったり、教材を選んだり、子ども自身も自分の特性に合った問題の解き方や考え方を学ぶことで、理解できることや解ける問題が増えていく。

発達面のアセスメントにおいては、発達段階や知的発達水準、発達障害傾向について検討する。知的発達水準は、K式発達検査やウェクスラー式知能検査などの知能発達検査の結果なども参考にする。発達障害傾向がある場合には、その特性に応じたかかわり方や支援を検討し、必要に応じて医療機関やその他の専門機関へのリファーを行ったり、連携を行ったりもする。

最後に学力面のアセスメントにおいては、教科や単元ごとの得意や苦手、学習理解度などを検討する。特に発達に偏りのある子どもたちの場合は、教科や単元で得意と不得意のばらつきが大きくなる。そのため、たとえば中学一年生のお子さんでも、英語は学年相応レベル、数学は平均すると小学校四五年生レベル、しかし、計算問題だけは中学二〜三年生レベルの問題でも解くことができる、というようなことがある。このように中学一年生だからといって、その学年のレベルの問題に取り組めばよい、ということにはならない。

また、あすはな先生では、公認心理師・臨床心理士が心理・発達検査も行う。

具体的には、ウェクスラー式知能検査、K式発達検査、K-ABCII、DN-CASなどである。これらの検査結果をすでに得ている方には、できる限りそのデータを提出してもらう。それらの検査結果も参考にして子どもたちの学び方の分析を行い、実際の学習支援に活かしていく。

このように、あすはな先生では、保護者や学校、医療機関やその他の支援機関から得た情報、日々子どもたちとかかわる中で得られる情報、心理・発達検査による結果情報などを踏まえてアセスメントを行い、子どもたち一人ひとりに合う学び方を分析している。


二つ目の特徴は、公認心理師・臨床心理士が行うコーチングである。コーチングといってもさまざまな方法があるが、あすはな先生では保護者とともに「どうすれば子どもたちが自分に合う学び方を身につけられるか」ということを一緒に検討していく。その機会は大きく三つ設けられている。まず、保護者の悩みや心配、相談事を聴いたうえで、どのようにあすはな先生がお役に立てるかを検討していくコーチングである。保護者と子どもとの初回の面談ということになるが、いわばインテーク面接と呼ばれるものに相当する。

あすはな先生において、その面接場面の中で保護者は「子どもが全然勉強しない」「このままで高校に行けるのだろうか」「発達障害がありどこの塾も合わない」「病院で勉強は個別に見てもらうほうがよいと言われた」「勉強するように言うと反発されて子どもとどうかかわればよいかわからない」など、さまざまな思いを語られる。その思いに寄り添いながら理解を示し、あすはな先生としてどのようにお役に立てるのかを一緒に検討していく。そのプロセスの中で信頼関係

（ラポール）を築いていくのである。

次に、どのようなサポートがお子さんにとって必要か、具体的に検討していくためのコーチングを行う。ここでは、一〇九頁であげたアセスメントの四つの視点（情緒、認知、発達、学力）を中心に、子どもの生育歴や、家庭生活や学校生活の状況、対人関係（家族関係や友人関係など）、医療的配慮を要する点など、幅広く深くヒアリングを行い、子どもの個性や特性のアセスメントを行っていく。そのうえで、改めて保護者の思いもうかがい、具体的な支援方針を考えていく。

最後に、授業を進める中で必要に応じて行うコーチングである。いわゆる「懇談」というものを定期的に設けている。特にご利用開始後、二ヵ月たった頃に必ず懇談の機会を設けている。約二ヵ月間行ってきた学び方の分析結果を保護者と共有し、お子さんに合わせた学び方を踏まえながら、授業の方向性などの方針確認を行っていく。

その後も懇談は必要に応じて行う。保護者が懇談を希望したいときはいつでも懇談を申し込むことができる体制も整えている。時には、懇談を進める中であすはな先生が行うコーチングの枠を超えた相談が生じることもあるが、その場合「心理臨床相談室」という別サービスを促すこともある。

少し余談になるが、保護者から受ける相談の中で、わざわざ専門機関（医療機関や行政機関など）や専門家（スクールカウンセラーなど）に相談にいくまでではない、日々の日常の中で生じるちょっとした悩みや不安、心配を「聴いてほしい」というニーズもある。実際のところ、学習塾の送迎時にその不安を少し話されたり、振替授業日時の調整や欠席連絡時にちょっとした悩みごとが語られたりすることもある。ほんの少しの時間ではあるが、そのような日常生活場面の中で、公認心理師・臨床心理士がその気持ちに寄り添い話を聴くことで前向きな気持ちになって、また日々の生活に戻っていく。それ自体にも大きな意義があると筆者は考えている。医療機関や行政機関などの専門機関ではなく、公認心理師・臨床心理士と「身近に出会える場」があるからこそ、私たちにもできることがあるのではないだろうか。

三つ目の特徴は、公認心理師・臨床心理士一人ひとりの職人技に頼るのではなく、「人」が変わっても一定水準の質で、どのお子さんにも同じ質の支援が行き届くような「仕組み」を作っている点である。

たとえば、先に述べたアセスメントの視点（実際には何十ものアセスメント項目があり、それを客観的に数値化した分析シートがある）や、授業内で必ず子どもが取り組むオリジナルプリント（自分で自分が分析できるもの）、子どもの支援を担当する者が記入し保護者とも共有する支援内容のレポート（レポートの記入自体が心理臨床の視点を学び支援の質的向上につながる内容にもなるもの）など、さまざまなツールも開発し活用している。また、公認心理師・臨床心理士だけではなく、それを目指す大学生・大学院生があすはな先生の学習塾や家庭教師などのアルバイト講師として数多く活躍している（他の専門家や専門職を目指す学生もいる）。そこで、心理士でも学生でも、あすはな先生で活躍する誰もが自己研鑽に励むことができるような研修等の体制や、ベテランの臨床心理士・公認心理師からスーパーバイズが受けられるような仕組みも整えている。また、職員に関しては、職員のみのクローズドなケースカンファレンスの実施や、外部のスーパーバイザーによるスーパーバイズの体制も整えている。このように、支援の質を担保するためのさまざまな人材育成の仕組みも作っている。

あすはな先生が行ってきた心理臨床実践のノウハウをより多くの子どもたちへ届けられるように、仕組みで支える、よりよい仕組みをこれからも考えていきたいと思う。

あすはな先生が行う心理臨床の実践例

さて、ここで二つの架空の事例を紹介したい。事例は、あすはな先生事業の中での筆者の心理臨床体験に基づいて創作したものである。

架空事例①英単語の覚え方がわからなかった生徒（中学二年生・男子　太郎くん）

太郎くんは、あすはな先生を利用する前までは、英語が大嫌いだった。その一番の理由は英単語を覚えることが苦手であったこと。家庭でも何度も英単語やその意味を書いて覚えようとしたり、フラッシュカードを用いて見て覚えようとしたりしてきたが、なかなか覚えることができなかった。そして、英単語を覚えること自体を半ば諦め、「どうせやってもできない」「俺は頭が悪いから」と自信も失っている状態だった。そのような姿を見ていた母親から、あすはな先生へ次のような相談があった。

「テスト前はいつも一所懸命書いて覚えようとしているんですが、それでもまったく成果が出なくて、このままではいけないと思って……」「どんどん自信もなくしていっているんです」「私が教えようとしても、『もういいねん』『うるさいなあ』と突き放されるだけで……どうすればいいのでしょうか」

「どうせやってもできない」と英単語を覚えることを諦めて自信を失っている太郎くんに、どうすれば、あすはな先生としてサポートをさせてもらえるか、というところからのスタートとなった。

筆者ははじめに、これまで英単語をどのように覚えてきたのかについて具体的に細かく聞き取りを行った。そのうえで、これまで頑張ってきたことを労い、どれだけ頑張っても成果が出なかったことへの虚しさや悲しさ、悔しさといった思いに寄り添い、「英単語の勉強なんてもうしたくない」という気持ちになることに理解を示すようにした。そのうえで、英単語が覚えられなかったのは、「覚え方が自分に合っていなかった」という可能性はないかを尋ねた。

この質問には、太郎くんも母親も「そんなことは考えたこともなかった」というリアクションで、こちらを見た。さらに筆者は、覚え方の例をいくつか提示した。そして、「あすはな先生で一緒に太郎くんに合った覚え方を探す手伝いをさせてほしい」ということを最後に伝えた。

太郎くんはそんな方法があるのかと半信半疑な様子ではあったが、とりあえず一度あすはな先生の学習塾に通ってみるということで同意を得ることができた。実際には、毎週一回、一回九〇分（四〇分授業、休憩一〇分、四〇分授業）契約となり、英単語以外にも英語の文法、得意な数学を授業の中で扱うことになった。

あすはな先生の授業開始後、二ヵ月ほど細かくアセスメントを行い、その間に太郎くんは初めてＷＩＳＣ－Ⅳをあすはな先生で受検した。その検査結果や、これまでの保護者とのコーチング、実際に授業を行う中で見えてきたことからの学び方分析を行った。

分析の結果、聴覚情報処理と同時処理が得意であることが明らかになった。そこで、英単語を覚える際には、その得意を活かした覚え方を考えていくこと、その覚え方を講師と太郎くんで一緒に探していくことを改めての方針として、太郎くんと母親と確認した。

まずは「書いて覚える方法、フラッシュカードを使って繰り返し見て覚える方法はやめること」から始めた。その後、授業の中で講師と太郎くんはさまざまな方法を試し、振り返りを繰り返しながら「単語の読みや意味を口に出しながら覚える、リズムに乗せて覚える」「同じ意味を持つ英単語をグルーピングして覚える」という方法が自分に合った英単語の覚え方であることを見出していった。

その後、太郎くんは、講師と一緒にリズムに乗せながら英単語を楽しく覚えていくという体験を積み重ね、実際に覚えられた英単語が増えていった。あるとき太郎くんが筆者に「口に出してリズムに乗せたら覚えやすい」「最近はどうやってリズムに乗せて覚えようか、どの音楽使おうか、と家で考えることが楽しくなってきた」と笑いながら話をしにくることがあった。結果的には楽しく英語を学ぶことができるようになり、テストの点数にも少しずつだが成果が現れるようにもなっていった。

さらには他教科についても、主に覚えなければならないものは極力口に出して、リズムで覚える方法を自ら実践していくようにもなった。

架空事例②「できない」ことに直面することがしんどかった生徒（小学校五年生・女児・自閉スペクトラム症の診断あり　花子ちゃん）

小学校四年生ごろから学習につまずき始め、特に算数の文章問題や国語の読解問題で、問題の意味を取り違えるなどミスが目立つようになった。近所の塾に通い始めたが、内容理解の難しさが増し、「できない自分」に対して腹が立ち、自暴自棄になったり突然泣き出すことが塾で増えていった。また「×」がつくことに過敏で、「×」がつくことを非常に嫌がった。学校のテストでは一つでもわからない問題に直面すると固まってしまったり、その先できる問題があっても手がつけられなくなったりした。

一方で「勉強はできないといけない」という思いが強く、「これ（花子ちゃんの学力以上の課題）がしたい」と難しい課題に取り組もうとする姿も見られた。しかし、取り組んだもののひとりで解くことは難しく、わからなくなると気持ちが崩れて、それ以上取り組みを続けていくことが難しくなることもあった。

近所の塾では「対応できない」、学校の先生からは「気持ちが崩れたときにどう接したらいいかわからない」と母親に連絡があった。ちょうどそのタイミングで、発達障害を専門にみている花子ちゃんの主治医の診察（半年に一回の経過観察）があり、母親が主治医に相談した。そこで「特性を理解して専門的に勉強をみてくれるところがある」とあすはな先生を紹介され、利用開始に至った。

あすはな先生での取り組みにおいては、客観的に見て花子ちゃんにとって難しいであろう課題でも、花子ちゃんの「したい」という思いを尊重しつつ、過度な失敗体験につながらないように、課題内容（難易度や量）をコントロールした。必要に応じて講師が簡単なヒントを出して、花子ちゃんが自分で最後は解き切ったという成功体験で終えられるようなサポートを行い、自信につなげられるようにした。

それでも取り組んだ課題が難しく、うまくいかずに気持ちが崩れそうになることもある。そのときには筆者も介入し、「できない自分」と「できる自分（理想としていた自分）」の間にある葛藤に寄り添い、気持ちを代弁するなどして落ち着きを取り戻すまでそばで待った。

落ち着いたあとは、うまくいかなかった原因やどうすればよかったのかについて話し合い、自己理解を促すための自らを省みる機会を作るようにした。花子ちゃんはその体験を積み重ねていく中で、「この問題のここが難しかった。ここまではできたけど……」「これができるようになっていなかったら、この問題に進んでも解くことは難しい」「まずはこれ（花子ちゃんに必要と考えられるレベルの問題）からできるように頑張る」と語るようにもなっていった。花子ちゃんが自らを省みる力、客観的に自己理解する力を育み始めたと筆者は考えた。

さらに「これをしたい」と言うときでも、「この課題は自分にとっては難しそう（簡単そう）」と花子ちゃん自身が判断を行うことができるようにもなっていった。そのため、仮に取り組んだ課題が一人ではできなかったとしても、自分にとっては「難しいかも」と、はじめにこころの構えができたことで、気持ちが崩れることもなくなっていった。また、講師にヒントを求めたり、自分で解説を見て考え直したりと、「できない」ことに直面することがしんどかったころに比べると前向きな気持ちで学習を進められるようにもなっていった。

いずれの事例も、小中学生にとっては身近にある学習塾という場（日常生活の中の一つの習いごと）だったからこそ、こちらとしては「学習」という切り口での心理臨床を実践していたからこそ、出会えたのではないか。そのように筆者は考えている。

事例の中で行った心理臨床実践の細かな解説はここでは割愛するが、子どもたちの特性をアセスメントし、その気持ちに寄り添い、理解を示し、「自立した学習者」を目指して子どもたちとともに歩むこと自体が、あすはな先生が実践する心理臨床である。

たとえば、子どもたちにとっての学習塾は、公認心理師・臨床心理士がいることで一つの大きな心理臨床の場となる。学習塾の扉を開いて部屋の中に入り、決められた場所で、決められた時間、決められたこと（正確には講師と相談して子どもたちが主体的に決めたこと）を行い、その扉から出ていく。そこでの出会いやさまざまな体験が、子どもたちにとってのこころのエネルギーにもなっているのではないかと筆者は感じている。

「あすはな先生だけは行きたい、やめたくない、というんです」

あすはな先生を利用されているお子さんの保護者からよく言われる言葉である。

大切にしていること、未来への展望

何のために活動しているのか、目的を見失わない

あすはな先生は株式会社が運営する事業で、自主事業である。非常に難しいところであるが、事業を継続していくためには利益を出し続ける必要がある。だからといって利益のためだけに行っているわけではない。目的を見失わずに、「何のために」この事業を行っているのか、自分たちが何をしたいのか、どのような価値を提供したいのか（提供するべきなのか）を考え続けることが大切であろう。

冒頭で述べたように、株式会社サイクロスは「心理学の専門知を活用して、一人ひとりのウェルビーイングに寄与する」ことをミッションとしている。公認心理師・臨床心理士がチームとなって心理臨床の専門知を活かし、心理臨床がもっと身近になるように、人々の身近なところでその専門性を活かした事業を行うことで、一人ひとりのウェルビーイングに寄与していきたいと考えている。

人と組織とのネットワーク

ありがたいことに、あすはな先生事業を通して、医療機関や支援専門機関、行政、大学、また医師や大学教員など、多くの専門機関や専門家の方々との素敵な出会いに恵まれてきた。そのおかげで、さまざまなご助言をいただいたり、必要に応じてリファーさせていただいたり、あすはな先生をご紹介していただいたりと、さまざまな面でお世話になっている。

公認心理師だからこそできることもあるが、逆に力及ばないこともある。そのようなときに相談できる、リファーを受けてもらえる専門機関や専門家の方がいるからこそ、あすはな先生が目指すアウトカムに集中して心理臨床の実践を日常生活の中で行うことができるのである。

未来への展望

日常生活場面の中で心理学の専門知を活かせる場面、すでに活かされているものは多くある。これまでの心理臨床は、こころになんらかの課題が生じた人を「待つ」ことが中心ではなかっただろうか。これからは、「待つ」だけではなく、こちらからリーチをしていくことも大切であると筆者は考えている。また、人々の日常生活の中に当たり前に存在するもの、そこに「ある」ことも大切である。こころになんらかの課題が生じる前にリーチしていくこと、「ある」ものに手を伸ばしてもらうことができるような形に変えていくことが、これからの公認心理師には求められているのではないか。

筆者が主に取り組んでいるあすはな先生事業もその一つである。心理臨床を子どもたちにとって身近な学習塾という形に変えることで、彼らの日常生活の一部に存在し、いつでも手が届くようにしている。そうすることで、前述した事例のように心理学の専門知を手に取って使っていただくことができる。

また、今回はあまり述べなかったが、あすはな先生は家庭教師も行っている。これがアウトリーチである。公認心理師（もしくはそれを目指す大学生・大学院生）が家庭に入る。その中で子どもたちへの学習支援だけではなく、保護者と話をする時間も毎回の訪問で設けられる。時には一緒にお茶を飲みながら、短い時間の中で悩みや不安を聞くこともある。見方を変えると、クライエントに非日常の空間となるカウンセリングルームにきていただくのではなく、クライエントがいる日常の空間の中に公認心理師が出向くのである。日常の中に入るからこそ見えてくること、感じられることがあり、できる支援の幅も広がっていく。

これからは積極的に人々の日常の中に私たち公認心理師が入っていくことも求められるのではないか。「心理臨床をもっと身近に」すべての人が手に取れるような形に変えることで、公認心理師が行う心理臨床の可能性も無限に広がっていくのではないかと思う。

7

「小屋」で行われたいくつかのこと

松岡恵子
蒲田寺子屋

はじめに

これから書くものは、公認心理師・精神保健福祉士の資格を有する筆者が自宅（別宅）を蒲田寺子屋（以下、小屋）と名づけ、個人事業を行ってきた活動についての文章である。「寺子屋」であるので小屋の活動はなんらかの学びを柱としているが、その時々で押し寄せるニーズに応じて変化を続けてきた。ただ心理学科ではなく医学部保健学科を卒業しアカデミシャンとして訓練を受けた筆者は、心理療法やカウンセリングの専門性を持っておらず、小屋でそれらは行っていない。

筆者は大学院で医学モデルに沿った研究の考え方を学び、卒業後は研究活動のほか、さまざまな臨床現場を経験した。そのおかげで公認心理師の資格を得ることができたが、思考のバックグラウンドには医学モデルがあった。心理学や地域福祉の修練を経ていないという事実は、しだいに自らの実践の枠組みに反省と変容を迫っていった。

この原稿もそうであるが、近年、筆者の小屋の活動を情報として知りたいという申し出が多い。だが、場のもつ空気を言語化するのは不可能であり、わかりやすいスキーマに落とし込まれることには警戒してしまう。この文章は地域に小屋を建てたら何が起きたかという記録であるが、個々のエピソードはすべてが実話ではなく創作部分も含まれており、あえて書かないことも多く含まれている。その理由としては、うまくまとめてしまったら壊れてしまう現実があると思うからである。

読んで関心を持たれた方は、ぜひ小屋まで足を運んで身を浸していただきたい。

高次脳機能障害との出会い

筆者は修士課程を卒業したあと、流動研究員として研究所に勤務していた。任期を終えたのち、二〇〇〇年代前半にNPO法人TBIリハビリテーションセンターで働く機会に恵まれた。そのNPOでは高次脳機能障害を有する当事者に練習帳方式の認知リハビリテーションを提供しており、注意力改善の成果を上げると同時に、当時はまだ社会から認知度の低かった高次脳機能障害の地域のコミュニティとして役割を果たしていた。高次脳機能障害への地域支援が不足しており、支援の場が必要であると感じるきっかけとなった。

二〇〇〇年代半ば、さまざまな幸運が重なり、筆者は東京都大田区の蒲田の小屋にてその事業を引き続き行わせていただけることになった。小屋の最初期の名称は「認知リハビリテーション寺子屋」。医学モデルを連想させるこの名称は、経験豊かなスタッフの「こういった場はリハビリじゃなくてサロンでいいんですよ」という言葉もあり、開始一年で「蒲田寺子屋」という名称に変更することになった。引き継いだ生徒さんたちと長きにわたり認知訓練を行ってきたが、生徒さんたちの多くはすでに虹の橋を渡っていった。

小屋を開始して間もなく、区の心理職の方や地元家族会との連携が始まった。二〇一〇年頃はまだ地域において高次脳機能障害当事者や家族の集まりが少なかった。茶話会のようなものを定期的に開催したいという家族会の希望もあり、家族会主催の家族・当事者のつどい「たまりば～」が小屋において開始された。基本的に家族会によるピアカウンセリングの会であるので、この会における筆者の役割は小屋の提供や開催情報の拡散、開催記録の作成など後方支援である。「たまりば～」は現在まで一二年以上続き、息の長い会となった。この会を通じて当事者や家族の心理をうかがい知ることができた。会で出会った当事者の多くはみずからの症状に悩み、同じ悩みを話し合える仲間を求めていた。発症から一〇年以上経過したがまだ回復を続けている、そんな声も多くきかれた。これらの経験から感じたことは、高次脳機能障害の回復には長い時間がかかるということと、サポーティブな人や環境が当事者の意欲や主体性を引き出し、回復を支えるのかもしれないということであった。

「たまりば～」で顔見知りになった方からさまざまな相談を受ける機会があった。たとえば、身体に麻痺のある方から「服のほつれを縫ってほしい」と依頼された。その方のご自宅にお邪魔して、縫いものをしながら話をうかがう。その方はすでに障害福祉サービスや介護保険制度を使っていたが、それでもちょっとした困りごとを相談したいというニーズがあるように思われた。

相談とまではいかなくても、当事者の何名かは個人的に近況を伝えてくれる。たとえば、仕事先が変わるたびに報告をくれる方や、テレビで小屋のある大田区での事件が報じられると「博士、大丈夫ですか?」と心配してメールをくださる方、「自分の体験を松岡先生の講義に活かしてほしい」と体験談を寄せてくれる方もいた。そのようなつながりのなかから、ときに「相談にのってほしい」という希望が寄せられることもあった。

表現活動で出会った方々

ところで、本稿を書くにあたり、筆者が長年、詩と音楽の創作活動を行ってきたことに言及しないわけにいかない。なぜなら現在、小屋にかかわりのある仲間の多くはその活動を通じで出会った方々だからである。本書のテーマである「まちにとけこむ」とは「コミュニティにとけこむ」ということを含むと思われるが、表現者のコミュニティに身をおいたことは、小屋を運営するにあたってこれまでじわじわと影響を及ぼしてきた。

表現者仲間のなかには、さまざまな理由で安定した就労を継続することが難しいために貧困状態にある方や、精神疾患の診断を得て治療を受けていると話す方も少なくない。いまは創作活動がすぐに評価にさらされ、そのこと自体がストレッサーになりかねない時代だ。それでも表現活動が、自分らしさやエネルギーを取り戻すことにつながっていると語る、そのような仲間を紹介する。

現在、定期的にやりとりを交わすKさんは、統合失調症の診断を受けており、障害者雇用にて長期にわたって企業に勤労している方である。

Kさんが小屋に来たのは、とあるコミュニティスペースに置いてあった小屋の案内チラシに「コンピューターミュージック教えます」と書いてあったことがきっかけである。ある日突然「パソコンで楽譜を書きたいので、やり方を教えてください」という電話をかけてきた。

その相談にはうまく対処できなかったように思うが、その後もメールでさまざまな相談を寄せてくるようになった。メールの返信ですむこともあれば、内容によってはこちらが自転車をこいでアウトリーチにうかがうこともあり、逆にKさんが機材を借りに小屋に来られる場合もあった。いまではKさんは小屋のイベントにもまめに参加され、数多くの物品を寄付してくれるなど貴重な戦力として小屋の運営に大きく貢献してくれている。

統合失調症と診断され、ときに心配ごとに悩まされる様子もみられるが、音楽や絵画などの表現活動が好きで、絵を描くことを通じて症状の回復をみたそうである。すぐれた芸術的感性と豊かな生命力、気配りとユーモアで周囲の仲間たちを元気にし、筆者が疾患に対して持っていた偏見をポジティブな方向に修正してくれた。

小説家の「日雇いさん」（ペンネーム）も小屋を支えてくれている一人である。人間描写が細やかな小説を書かれ、仲間と同人誌を作り執筆活動を行っている。小屋にギターを寄付してくれて、弦が切れたときには修理にも来てくれた。イベントにも足を運んでくれるなど、小屋の活動を支えてくれている。

文学系のイベントで「松岡さんは精神保健福祉士（当時）なんですよね、自分は精神障害者保健福祉手帳を持っているんですが」と話してくれたのが会話のきっかけだっただろうか。うつ病を患っているとのことだが、人格円満で気配りができ、人望も文才も持ち合わせている。こちらも筆者が疾患に対して持っていた偏見をポジティブな方向に修正してくれた。

「日雇いさん」の体験談を通じて、気分に障害を持つということへの理解が進んだように思う。たとえば、「日雇いさん」は人と約束をするのが難しいそうである。なぜかと問うと、約束をしたら行けなくなってしまう、行けるかどうかは朝起きてみないとわからないから、とのことであった。その説明のおかげで、気分というもののすさまじさを、知識としてではなく目の前にある方の特性として実感することができた。また、「日雇いさん」が小屋に来るのは「女性に会いたいからです」とのことであり、女性と会うことや話すことがひとつの誘因になりうるのを実感できた。

「福祉心理学」オンライン講義

筆者は、小屋を運営する以前より現在に至るまで、多くの学校で非常勤講師の業務を行ってきた。明星大学心理学科において「福祉心理学」という科目を依頼されたことは、これまでの小屋の活動を学問領域に関連づけるよい機会となった。

この科目は公認心理師のカリキュラムにおいて「大学における必要な科目」に含まれており、国家試験の配点も少なくない。筆者が地域で小屋を運営していることから、その科目を教えられるだろうと考えてくださったようであり、身の引き締まる思いがした。

「福祉心理学」の参考書の序文には以下のような記述がある。少し長いが引用する。[1]

「福祉分野における心理支援については、これからの発展が期待される。従来型の白衣を着た相談室カウンセラーというスタイルでは対応できない分野も多い。しかし、福祉職・介護職のお手伝いに埋没してはいけない。支援対象者の生活全体を視野に入れつつ生活に介入しつつ、しかしながら心理専門職としての『専門性の旗』はきっちりと揚げた業務のあり方を開発していくことが今後の大きな課題である」

この序文から、地域における心理職の働きはこれからの発展が期待される分野であることがうかがえる。厚生労働省による、いわゆるブループリントによれば、福祉心理学の扱う範囲は「児童」「障害者」「高齢者」のほか「生活困窮者」「ひきこもり」など多岐にわたるが、広範にみえるこれらの分野の根底には共通する問題、たとえば少子高齢化の進展や非正規雇用の増大、地域における孤独・孤立、制度の使いづらさ、権力と支配の問題などが横たわっている。

福祉心理学の講義のなかで『貧困パンデミック』を引用することがあった。[2] 日本国憲法の生存権ともあわせ、社会福祉の向上は国の責務であることを確認し、公助の重要性を伝えた。その講義を行いながら、ふと、この小屋の活動は公助ではないのだなと気づく。筆者が修士課程まで国立大学で学び、国立研究所に所属していたのはもう遠い昔のこと。世間知らずのままアカデミシャンになるわけにいかないと反対を押し切って地域に出たことを思い出す。あれから二〇年以上がたち、福祉心理学のオンライン講義を地域の小屋から発信しているという事実は、大学教育も「まちにとけこむ」ようになったことの証左のようにも思えた。

二〇一〇年代、障がいという概念を脇に置く

小屋を維持する収益をどのように得てゆくかという問題はつねに悩みの種であった。小屋の初期から中期にかけては月謝に加え民間の助成金を得ることが多かった。しかし助成を得ると労力も増大することから、最近はあまり助成金を得た活動は行っていない。

二〇一〇年代の半ば以降は委託業務が増加した。たとえば、企業におけるストレスチェック、統計アドバイザーなど研究の手伝い、報告書の執筆、データクリーニングなどの業務を行った。結局はアカデミシャンとしてのスキルが筆者の売り物であった。

一方、福祉系音楽イベントの出演依頼や障害を持っている方からの楽曲製作依頼などもあり、表現者活動と小屋の活動とが重なり合ってニーズが生まれ始めた時期でもあった。プライベートとオフィシャル、仕事と遊び、芸名と本名、それぞれ独立して行っていたあらゆる活動がつながりあい、境界が溶けあい、関係する誰かのニーズを満たしていった。

やはり二〇一〇年代後半、何気なくフリーマーケットを開始したら、多くの方から物品をもらうようになった。アクセサリー、漫画、CD、DVD、洋服、使いかけのシールなどなど。こまめに物品を送ってくれる方も現れ、「誰かに何かを与えたい／差し上げたい」というニーズがあ

図7-1

るのを実感した。「物品を送ってくださってありがとう」と伝えるためにも、小屋ではそうした品々を受け入れるための空間をつねにあけておくことにした。

フリマを通じ、人と人とのつながりが生まれることも実感できた。筆者は一昨年、それらの活動をまとめた『東京フリマ日記』という本を作ったが、そこには「人は人に何かを与えたいものであり、支援とはそれをありがとうと言いながら受け取ることかもしれない」ということを書いた(3)。関心を持たれた方はぜひ読んでいただきたい。

このように二〇一〇年代半ばからはさまざまなバックグラウンドを持つ方が小屋を訪れるようになった。漫画家の青年は「この小屋をアーティストの〝トキワ荘〟にしたい」と意気込み、小屋にささげる絵を描いてくれた(図7-1)。

障害があるかないかもわからない仲間からのこうしたニーズに直面し、公助でも補助金事業でもないこの小屋の活動がどうあるべきかを考え直した。代表管理者としてこの小屋をどんな場所にしたいのだろうと自問することもあったが、自分の目にみえてきた現実は、そうした思考の枠組みを軽く超えていた。

この小屋に関して誰かから何かを頼まれたときに、できないことはできないものの、できることならやってみようじゃないか、そう思うことにした。小屋に来られる方を障害の有無という枠組みでみることもやめた。そもそも、地域ではじめて出会う方にどんな障害があるのか／ないのか、わからないのが当然である。障害への理解や配慮は必要であるが、それにより人を分ける必要はないように思われた。

自己研鑽と連携

小屋での活動を始めてからは特に自己研鑽しなくてはならないと思い、資格団体の研修、貧困対策セミナー、その他のオンラインセミナーなど、非常に多くの研修に参加した。高次脳機能障害に関しては学会や研修で知識をアップデートするとともに、専門外来を持っておられる医師の方にコンサルテーションをいただくことがあり、対応において参考にさせていただいた。小屋での活動を始めた頃は専門機関と共同研究を行うことが多く、その過程で高次脳機能障害や精神障害者を支援することに関してさまざまな助言やアイデアを受け取ることができた。元職場であるＮＰＯ法人とも関係を保ち、ときに足を運び、小屋の運営に関してヒントをいただいた。

地域連携に関しては、小屋を運営するかたわら、地元の社会福祉法人が実施する高次脳機能障害の相談業務に携わる機会に恵まれた。そのご縁から、数多くの精神保健福祉イベントにスタッフとして参加させていただいたことはよい経験であった。五年間の任期のあとも、その社会福祉法人とはさまざまな形でかかわらせていただいている。

公認心理師という国家資格が誕生したとき、多職種連携の重要性が強調された。もともと福祉では連携が基本であり、筆者も多くの会に誘われたものである。それぞれのつながりは有難いものであったが、さまざまな面で負担が大きくなり、福祉系の有志の集まりにはあまり顔を出さなくなった。

多くの書籍を読んだが、オルデンバーグの『サードプレイス』は場づくりの参考になる本であった。小屋のデザインが大事であるということに気づき、アートギャラリーに出向き、音楽起業家のシンポジウムに参加した。それらから得られた知見をもとに場づくりの小さな工夫を積み重ねた。小屋は築五〇年を超えた古い家屋ではあるが、可能な限りテクノロジーを取り入れようと決め、さまざまな設備投資を行った。オンラインに強い小屋にするために光回線を入れ、パソコンを増設し、スピーカーマイクを導入した。天井にプロジェクターを設置し、窓を埋めてスクリーンを映写できる白壁を確保した。防音・防寒のために樹脂製の二重窓を取り入れた。

二〇二〇年代に入り、遅ればせながら心理職の方々と地域でつながる機会が増えてきた。二〇二二年夏には臨床心理士の方の発案により心理師（士）向けの地域イベント「言葉の可能性を探る―心理士（師）が地域でひらかれるために」を小屋で開催することができた。このイベントは東京公認心理師協会の地域活動として助成を得ることができ、協会のほうでも宣伝してくださったおかげで心理師が何名か来てくださり、貴重なつながりを得ることができた。そのつながりは現在も継続しており、小屋を拠点としてまた新たな心理師の地域活動を計画しているところである。

まちにとけこむことの孤独

医療機関に勤務しているとき、あるいは大学や研究所に勤務しているとき、それらの肩書きにいかに守られているかは気づきにくい。それらを卒業してまちにとけこむとき、肩書きによるバリアーがなくなる。力と力が対峙しあう関係のなかで肩書きのないままに活動を行おうとすると、さまざまな力に翻弄され、苦しむ。その胃の痛くなるような生々しさのなかに、ほんとうの地域の姿や、そこに生きる苦しみが見えてくる。

一例をあげると、地域で人が出会う場において性差を無視することはできない。オルデンバーグは「サードプレイスを中性化して論じると、それを取り巻く現実の大部分を無視することになり、ある重要な事実が見えにくくなる」と述べており、地域の場づくりにおいて性は重要なファクターであることは疑いない(4)。しかしそれはあまり表立って語られることはなかったようにも思う。あるいは筆者が無知であった。

地域に小屋を建てると、そこには数々のスキーマが押し寄せ、さまざまな言葉を投げかけられる。栄養は吸い取られ、精力は奪われる。そんなある日、自分のメンタルがかなり弱っていることに気づいた。もう小屋をやめよう。東京を離れよう。そう思った。

経験したことのないこの弱りぶりに、カウンセリングに行くことも考えたが、それを実行するにはエネルギーが足りないように思われた。結局、こころを許せる人に連絡をとって会話を交わし、行きつけのバーに行ってアルコールを摂取し、バーテンダーに話を聞いてもらい、ネットから離れ、自然の多いところを散策した。ひとりで行える認知行動療法の書籍などを参考にして、思考の偏りを自覚し修正につとめ、「今・ここで」に集中した。

これらの対処のおかげでだんだんと回復したが、メンタルが弱ったことによる気づきもあった。一人で仕事を行っているといつの間にか孤独感が生まれるということや、支援をしている気になっていると心身のエネルギーが枯渇してしまうこと。本書のテーマ「まちにとけこむ」とは身を守る壁が薄くなることであり、その侵入性に気をつけていないと何かを奪い取られるということや、弱っているときは考えも偏りがちであり、決断は先延ばしにしてひとまずソーシャルサポートが必要であること。どれも、支援者むけの教科書に書いてあるありふれた注意点であるが、自らの問題として身に染みた。

それと同時に、なんらかの支援の意図をもってまちにとけこもうとすれば疲弊し弱ることは必然であり、こころが弱って傷つくのは必死にやってきた証であるのだと前向きに考えるように努めた。

クリスマス・イブの「〇円フリマ」

クリスマス・イブの日は「〇円フリマ」を開催した。前述のようにフリマを行うようになったらむしろ物品が集まるようになり、溜まってきたので、必要な方に物品が届けば生活支援になるかと思ったのである。告知は小屋のツイッターのほか、イベント告知サイトで行った。

その告知をみて、すでに小屋の仲間であった「詩人の青条さん」と「日雇いさん」が手伝いを兼ねて足を運んでくれた。「詩人の青条さん」とは創作活動をしている氷河期世代の非正規雇用者であり、高学歴で文才にすぐれ、自然の風景と心情を絡めたよき詩を書かれる。小屋にときどき来ては、アシナガバチを観察したり、梅酒を作ったり、小屋のイベントに参加したりすることで小屋の活動を支えてくれている。また前述の「日雇いさん」は相変わらず突然やってきて、ドリンクを片手に「詩人の青条さん」とおしゃべりをして過ごしている。

この「〇円フリマ」の開始前、イベント告知サイト経由で知らない方から「今から行ってよいですか?」という問い合わせがあった。「まだオープン前ですので、あと四〇分ほどお待ちくださいい」と返信をしたら、その方からの連絡はそれきりになってしまった。その旨を「日雇いさん」に伝えると、「ああ、わかります。気持ちってすぐ変わるんですよ、コロッ、コロッと……」とジェスチャーを交えて解説をしてくれた。

結局その日の「〇円フリマ」は一〇名程度の参加があった。貧困層というよりは、身なりのきちんとした若い方や子ども連れの方、三世代で来られた方、専門的な職業を持っている方など、一見したところは貧困にあえいでいるようには見えない方々ばかりであった。貧困でなくとも中古品を無料で入手することへの抵抗がなくなってきているのかもしれない。ただ近年、貧困については外側から見えづらくなってきていることが指摘されており、それぞれの方の本当の状況はわからない。

「詩人の青条さん」がかつて誰かからもらったシャツと大きな鞄をもっていった。

台風の日の小さな発表会

近年、「小さな発表会」という、小屋で朗読や小芝居などを行うイベントを定期的に開催している。このイベントを開催するきっかけは、高次脳機能障害を持ちながらも俳優として活躍していた方とつながりが生まれ、その方の芝居を見てみたいと思ったことによる。最初はあまり舞台らしくなかったこの小屋であったが、リフォームを経てだんだん芝居小屋らしくなってきた。新型コロナウィルスの感染者も増大していたその夏、おそるおそる実施した「小さな発表会」は、ごく小人数の集まりであった。お盆の灯篭がくるくる廻るなか、「ヴェテラン俳優」によるひとり芝居や、「詩人の青条さん」による詩の朗読、Kさんのジャズリサイタルなどが行われた。観客は重い障害を持つ方一名のみ。はじめてネット配信を行ったが不慣れな筆者のせいでトラブル続出であり、しきりに謝っていた記憶ばかりが残る。

そんな拙い進行であったが、そこにいる方々がおだやかに交流している風景にホッとした。表現者同士、好きな映画や音楽の話などを交わすうち、どこか通じ合うような瞬間があったと信じたい。演者たちから「お客さんって本当にありがたい存在です。今日はありがとうございます」ともっとも感謝されたのは重い障害を持つ方であった。

会が終わっても台風が接近中で、なかなか帰れないお盆の日。近づいた台風が去るのを待つ間、そこにいる人間で自然と俳句の会となった。「詩人の青条さん」はマジックの色を替えながら「颱風に包まれていく街がある。一人ぼっちじゃない夜がある」と書き（図7－2）、Kさんは父親に向けた連作「夏の夜　光る灯篭　父恋し」「登る君　はてなく遠き　火の華へ」「散る花にまだ色あせず　君の影」を書いた（図7－3）。Kさんは、自分の書いた作品をじっくり見つめながら、このような作品が書けたことに感慨を覚えた様子であった。

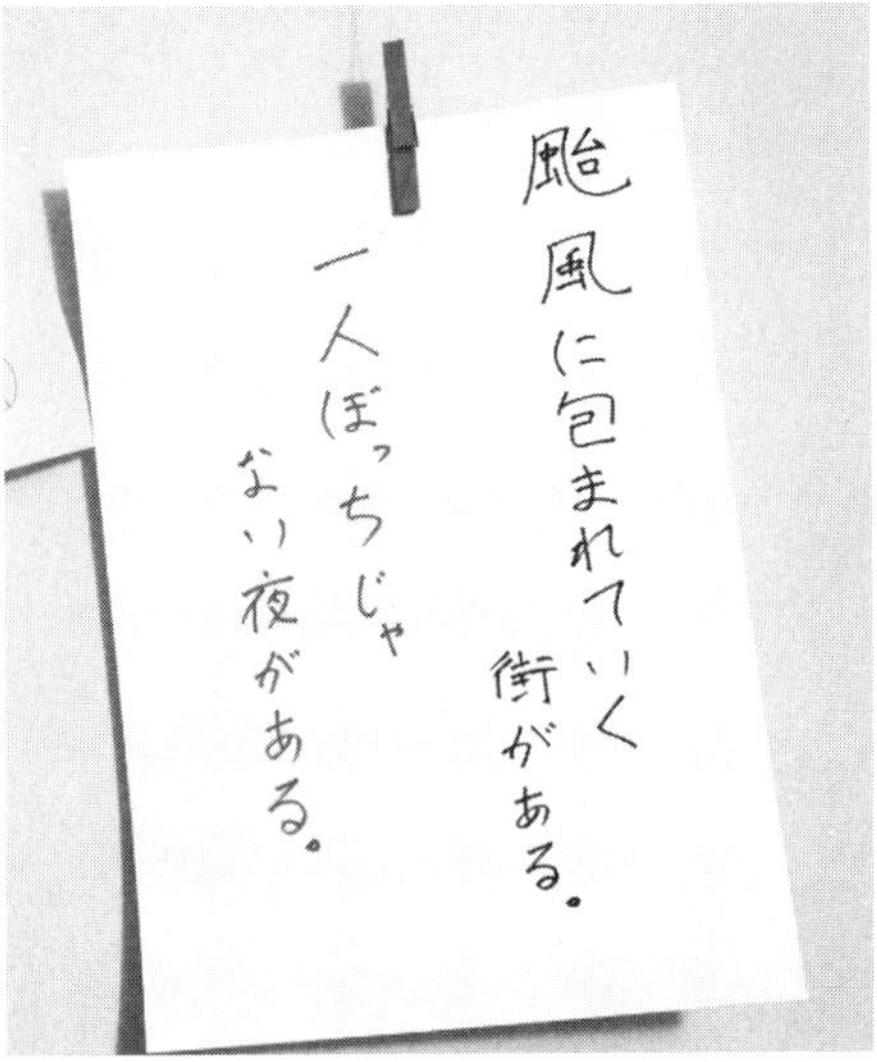

図7-2

おわりに

以上は小屋の活動のほんの一部である。筆者がこれまで小屋での活動を続けてこられたのは、この小屋のことを大切に思い、支えようとしてくれるすべての皆さまの厚意によるものであろう。この文章に出てくるすべての皆さま、出会ったすべての方々に感謝を申し

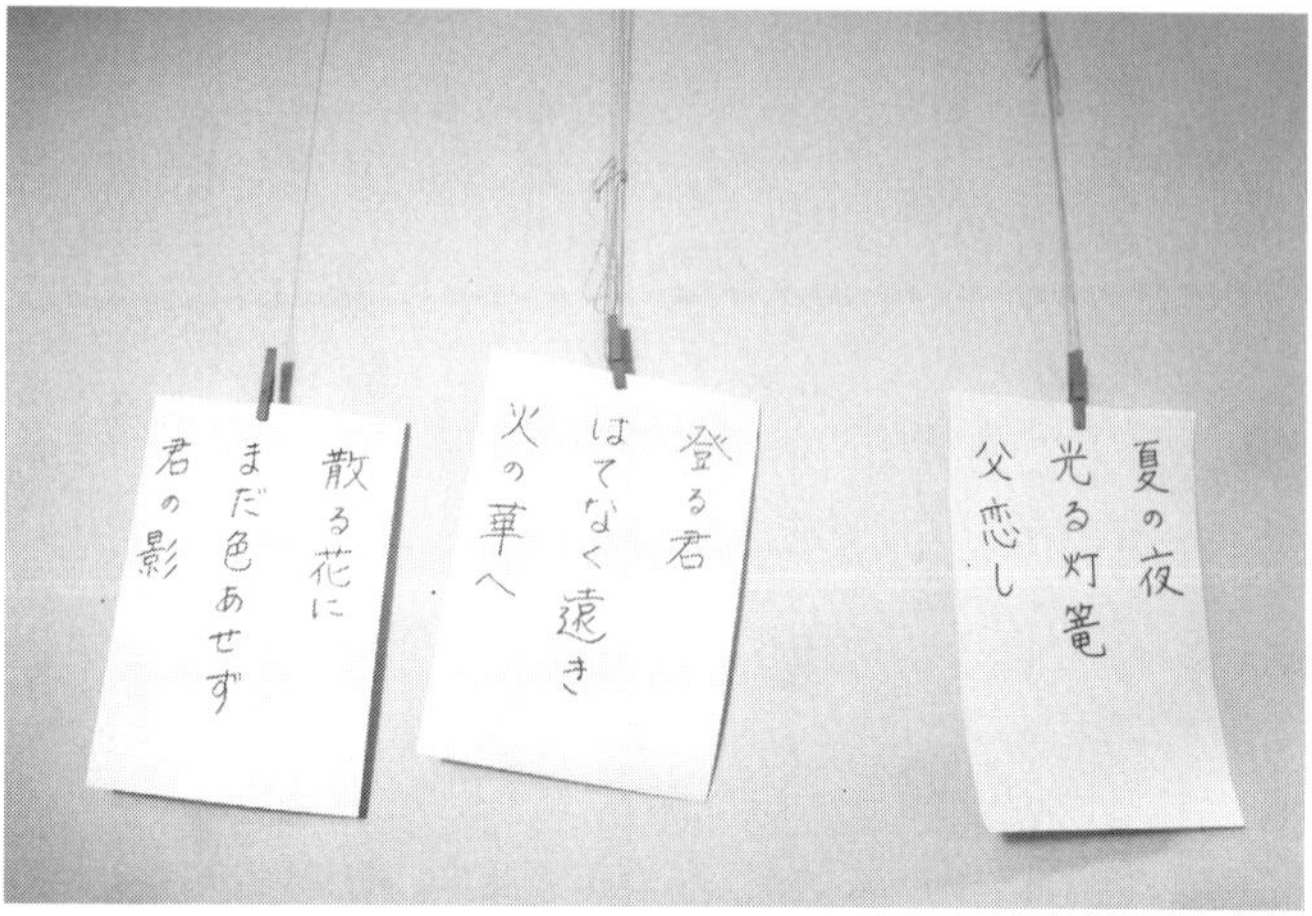

図7-3

上げたい。

本章に登場した個人や作品はすべてご本人の許可を得たものである。

〔文献〕

（1）中嶋健一編『公認心理師の基礎と実践⑰　福祉心理学』遠見書房、二〇一八年

（2）稲葉剛『貧困パンデミック—寝ている『公助』を叩き起こす』明石書店、二〇二一年

（3）松岡宮『東京フリマ日記〜風が吹いても売れません。』私家版、https://383.thebase.in/items/64366174

（4）レイ・オルデンバーグ（忠平美幸訳）『サードプレイス—コミュニティの核になる「とびきり居心地よい場所」』みすず書房、二〇一三年

8

個性豊かな私立学校にスクールカウンセリング・システムをつくる

黒沢幸子
KIDSカウンセリング・システム

スクールカウンセラーはどの学校にも当たり前にいるの?

スクールカウンセラーは社会の中で重要な仕事
公認心理師を目指す方々のなかで、スクールカウンセラー(SC)になりたいと考えている方やSCの仕事に興味がある方は少なくないのではないだろうか。また、現在、SCとしての仕事を開始し、これから経験を積んで、学校でのよりよい心理的支援ができるようになりたいと考えている心理師の方々もいるだろう。

SCは、学齢期の子どもたちが集う器である学校という場で、子どもたちのこころの成長・発達に役立つ心理的支援を、教職員の方々と協力し合って行う存在である。学校のなかでは、学習面のことだけでなく、人間関係や家族の悩み、不登校、いじめ、暴力や非行、発達の課題、心身の不調、児童虐待、災害や事故後の影響やトラウマ等々、子どもたちの支援ニーズがさまざまにあり、現代社会の多様化とともに、それは増大している。SCは、どのような専門機関の心理職よりも子どもたちのそのような状況にいち早く触れることができ、またその予防から長期的な対応にまで関係することができる貴重な立ち位置にいる。

筆者は、一九九五年から文部省（当時）によって開始された「スクールカウンセラー（SC）活用調査研究委託事業」の東京都SCの一人として、その初年度から活動した。また公教育におけるSCのこの実験的導入以前から、当時はまだレアケースであったが私立学校のSCの仕事にも携わっていた。その後は、SCに関する実践的研究等にも取り組んできた。

SCの仕事は、相談室のなかで子どもたちの悩みの相談を受けるという狭義の活動にとどまらない。先生方や保護者の方々の悩みも受け止め、ともに協力しながら、必要に応じて教育センター、医療、児童相談所、警察の少年サポートセンター等、さまざまなところにつながりをつくりながら、児童生徒の成長や発達に貢献できるようにする活動である。

　少し広い視野をもってみれば、学校が地域のなかでの子どもたちのセイフティネットの役割を果たせるように、SCが心理的支援のニーズに応える活動の要となること、それがSCの仕事であるともいえる。SCが社会のなかで重要な仕事であると言っても過言ではないことが理解できるであろう。

公立学校におけるスクールカウンセラー配置の拡充

　SCの実験的導入から時を経て、現在、公立学校においては、すでにSCの全校配置が達成されている。しかし、実態をみると、そのほとんどは非常勤職である。一つの学校にSCが勤務する頻度や時間は都市部などでは週に一日七時間余程度であるが、地域によっては巡回方式や拠点校方式などが採用され、一校あたり隔週四時間などそれよりも短くなっており、全国的にはばらつきがある。他方、都道府県教育委員会に加え市区町村教育委員会など、SCの派遣元の自治体が複数あり、一つの学校に、複数のSCが合計週に二日以上終日配置されている地域もある。例外的と言えるかもしれないが、名古屋市のように、市が独自に市内公立中学校全校を中心に一校に一人のSCを常勤職として配置しているところもある。

　ちなみに二〇一七年四月には学校教育法施行規則の一部改正が行われ、「スクールカウンセラーは、小学校における児童の心理に関する支援に従事する」と明記され、中学校や義務教育学校では、「小学校」の文言を各学校に読み替えることになっている。いずれにしても、公立学校におけるSCの全校配置は、その必要があるからこそなしとげられてきている。

私立学校の「スクールカウンセラーの配置をどうするのか？」問題

一方で、私立学校のSC配置はどうであろうか。SCの配置は各私立学校に委ねられている。そのため、その学校の教育理念や方針によってSCの配置状況はまったく異なっている。常勤SCを配置している学校や複数の非常勤SCをほぼ毎日配置している学校から、週に一〜三日程度非常勤SCが一人または複数名勤務している学校、そしてSCを配置していない学校までさまざまである。

二〇〇〇年頃以降、公立学校のSC配置が徐々に拡充されていくなか、各私立学校では、「SCの配置をどうするのか？」問題が一つの共通の課題となっていった。

私立学校はそれぞれが独自の歴史や教育理念をもっており、ユニークなカラー（校風）がある。心理職としての実力もさることながら、そのような校風や事情を理解して、適切な活動を行ってくれる信頼に足るSCを、どうやって探したらいいのだろうか。そもそも一からスクールカウンセリング制度を学校のなかにつくっていくのに、ハード面、ソフト面をどのように考えていけばいいのだろうか。どうやってその活動を根づかせ、維持し、単にSC導入で終わるのではなく、その後もスクールカウンセリング体制を学校に合ったよい形にして、学校に役立つものにしていくことができるのだろうか。

さて、いったいこの問いに誰がどのように応えることができるだろうか。

私立学校のSC導入や相談体制に関連したこのようなニーズに応える心理専門職としての活動を、筆者はすでに立ち上げていた開業心理相談機関において開発していくことになった。

本稿では、開業心理相談機関の一つの業務として行うようになった、このような私立学校のスクールカウンセリングに関するコンサルティング活動を中心に、開業の歩みや活動の展開について触れながらその概要をお伝えしたい。公認心理師が社会のなかでその役割を果たすさまざまなありようと可能性について考える一助になればと思う。

KIDSカウンセリング・システムの歩みと展開

施設名称に込められた想い

KIDSカウンセリング・システムは、対人援助専門職の方々との研究会組織を母体にして、一九九八年に開設された。

ＫＩＤＳという名前から、子ども専門の機関と思われるかもしれないが、そうではない。ＫＩＤＳは、Kichijoji Institute of Development Services の各頭文字をとったものであり、「一人ひとりの持つ力が開発され発展していくためのサービスに関する吉祥寺（所在地）の研究所」を意味している。デベロップメント（発達・発展・開発）は、年齢や立場を問わず、大切なことである。悩みや困難を抱えている方々や、そうした方々を援助する仕事に携わる方々に対して、よりよい未来の時間や解決を提供できる方法を探求し続けていく機関となることを願っての名称である。そして、よりよい〝未来〟への想いを、「ＫＩＤＳ（子ども）は〝未来〟である」に託している。

ここに表現したように、ＫＩＤＳでは、心理的支援を要する方への心理療法やカウンセリングといった狭義の個別的・治療的相談対応にとどまらず、一人ひとりの持つ力をよりよく活かし発展させるという予防的・開発的な視点を持つことで、援助専門職の方々への研修会や勉強会、実践研究の推進など、より多様なサービスを視野に入れている。

ただし、機関名として「ＫＩＤＳ」と称するだけでは何をするところなのか、さすがにわからない。そこでその後ろに「カウンセリング・システム」という言葉を付与した。機関名称の後半を、心理相談室、カウンセリング・オフィスなどとせず、カウンセリング・システムとしたのは、ＫＩＤＳに込められた上記の目標のために、多様な心理的援助サービスのシステムづくりを行っていくという意図があったからである。

開設への歩みを同志らとともに

開設当初の中心的な運営は、全員が非常勤であるが、筆者と故森俊夫先生（当時、東京大学大学院精神保健学教室）が担い、医師、臨床心理士（公認心理師）、精神保健福祉士などの資格、および関係領域の修士・博士などの資格を持つ方々に、カウンセラー、コンサルタント、スーパーバイザー、リサーチャー、セクレタリーなどの役割を担ってもらった。

設立の中心となったのは、スクールカウンセリング領域や児童・思春期・青年期の心理臨床、そのご家族や関係者への支援などを得意領域とする筆者と、コミュニティメンタルヘルスや産業カウンセリング、発達臨床などの領域を得意とする森先生であった。

両者は一見得意領域が異なるようであるが、そこに共通したのは、学校や産業などのコミュニティを対象とした臨床、家族や組織への支援、および多くの異なる職種の方々とともに進める支援の重要性の認識であり、それをどのように行っていくのかについての問題意識をもっていたことである。少なくとも設立当時、それらの対象や領域への有用なアプローチや実践方法について、心理臨床領域ではまだ発展途上の段階にあったと言っていいだろう。

筆者たちは、問題や病理に注目しすぎず、支援ニーズやそこにある資源に注目してそれを活かし、悪循環の関係性をよい循環となるように働きかけ、コミュニティや家族へのエンパワーメントにつながる対応が求められると感じていた。それに役立つ方法として、ブリーフセラピーをはじめとした多様なアプローチを学び実践して研鑽する場が必要であると考えた。
また、お互いが異なる得意領域をもっていることは広範囲の心理支援領域をカバーできるメリットになる。従来型の狭義の個別相談（この重要性は大前提として）にとどまらない心理支援活動を展開できる機関を、学会活動や大学院等の既存の枠組みを超えて設立したいという考えが熟し、賛同してくれる若手の同志らとともに立ち上げるに至った。

主な事業内容―臨床面接と研修活動の循環

ＫＩＤＳカウンセリング・システムでは、予約制による個人や家族へのカウンセリング、教員や社員へのコンサルテーション、対人援助職へのスーパービジョンを行うとともに、開設以来、学校・産業・医療・福祉といったコミュニティ領域での援助サービスに役立つことを目指して、研究会、研修会活動を継続して行っている。

①面接室へのモニターシステムの導入

ＫＩＤＳカウンセリング・システム（以下、適宜ＫＩＤＳと略して記述する）で特記すべきものとして挙げられるのは、まずハード面で、面接室に面接の様子をモニターし録画もできるカメラ・システムを導入したことである。欧米の家族療法やブリーフセラピーではスタンダードだったコ・セラピスト（メイン・セラピストが行っているクライエントとの面接のやりとりを別室でマジックミラーやモニターを通して観察する役割）を置けるようにしたことである。面接の途中に休憩（ブレイク）が設定され、その間にコ・セラピストは見立てや対応についてメイン・セラピストと意見交換をしたりアドバイスをしたりする。この面接方法が採用できるようにした。

コ・セラピストを担うのは、同僚のセラピスト、スーパーバイザーであり、また研修生（セラピストとしての教育訓練中の者）なども含まれる。これにより、実際に面接の精度や治療成果の向上につながる。来室するクライエントの許可を得るなど倫理的な手続きを行うことは言うまでもないが、オンゴーイングの面接の最中だけでなく、コ・セラピストらとともに、事後にモニター録画を用いて、面接のやり取りを細やかに振り返り検討することは、セラピストの教育訓練に何よりも役立つものである。これらの検討から抽出された知見は、また研修に活かされることになる。

②研修活動の展開と援助者間のネットワーク

研修活動では「解決志向アプローチ」「ブリーフセラピー」の発想や技法を紹介し、そのスキルアップを目指した集中研修を年に二回程度開催し、また月に一回程度の継続的な定期研修として「SC等のための事例検討会」や「面接実践トレーニング」などを行っている。また不定期に特別研修として「傷ついた人々のための治療的対話トレーニング」などのシリーズも実施してきた。

今まで開催してきた研修や勉強会の主なものを挙げると、ナラティブセラピー、エリクソニアンアプローチ、臨床動作法、認知行動療法シリーズ、ペアレントトレーニング、システムズアプローチ、リワークプログラム、弁証法的行動療法、条件反射制御法、解決志向のクラスづくり等々がある。

コミュニティアプローチやメンタルヘルスの視点を軸に、実践に役立つ知恵を学び合えるよう、「コミュニティメンタルヘルス・プラクティショナー養成講座」「教師とSCのためのやさしい精神医学」「援助者のための精神科のお薬の話」なども実施してきた。

このように当初から研究会、研修会などを活発に行っていたため、参加会員は現在に至るまで臨床心理士、公認心理師、教諭、養護教諭、精神保健福祉士、社会福祉士、医師、看護師／保健師、児童心理司、法務技官、保護司、保育士、キャリアコンサルタント、産業カウンセラー、大学教員、大学院生など多岐に渡る。研究会活動や相談・研修を通じて、多くの方々との出会いに恵まれてきた。そこでまた援助職の方々のニーズを把握し、研修活動に活かしている。

援助専門職も一人の人間である。大変なことを一人で抱えていてはつぶれてしまう。多くの人と話し合い、相互に交流して意見交換を行い、有用な知見を学び、研鑽し合うなかで、有効な援助や支援の糸口を見出せる。ＫＩＤＳカウンセリング・システムでは、援助職の方々の相互研鑽の場をつくっていくこと、ＫＩＤＳがそのような機能を持つ援助者の安心できる寄りどころの一つの場となることも願ってきた。

私立学校のスクールカウンセリング・システム構築の業務開発

必要なのはシステム構築

研究会や研修で出会った方々のなかには、私立学校の教員や養護教諭、あるいは管理職の方々もいらした。教育相談や児童生徒のメンタルヘルスなどに役立つ学びを求めてこられていたが、それとともに、すでに本稿で述べてきた私立学校の「ＳＣ導入をどうしたらいいのか？」問題についても、ニーズを表明された。

学校や産業領域などのコミュニティへの心理的援助活動を重視し、その実践方略を考え続けてきたＫＩＤＳカウンセリング・システムでは、コミュニティ援助活動を五本柱に整理している。①個別的相談活動、②コンサルテーション、③心理教育プログラム、④危機介入（緊急支援・危機後介入を含む）、⑤システム構築の五つである。

このうち、⑤のシステム構築が、心理的支援というものをイメージする際、もっとも馴染みの薄いものではないだろうか。これは、よい組織体制づくり、よいマニュアルづくりとも言い換えられるものだ。この⑤のシステム構築は、心理援助活動で重要な①～④のどの活動をよい形で行うためにも必要とされることである。

さて、私立学校の「SC導入をどうしたらいいのか？」問題は、言い換えればそこに大きな心理的支援のニーズがあるということである。それも単にSC人材を紹介するといったレベルのことではなく、個々の私立学校に合った包括的なスクールカウンセリングのシステムを構築することが必要とされる。

私立学校のSC導入と運営をコンサルティングする

私立学校へのSC導入とシステム構築の道のりは、SC導入を検討している学校からの相談を受けて、導入を考えているキーパーソンや関係者から学校の様子やニーズをうかがうことから始まる。そこから、スクールカウンセリングの包括的なニーズをアセスメントしつつ、その学校と十分な連携を図りながら、どのようなスクールカウンセリング・システムをつくっていくのがいいのか、またそれを学校に役立つものとして継続発展していけるようにどのようにすればいいのか、どのようなSCであればそれを一緒にやっていけそうなのかなどについて、検討し話し合う。

それらを通して、その学校独自のスクールカウンセリングの組織体制をつくることになる。当初のシステム構築の際の検討項目を挙げるなら、下記のような観点である。

学校理念、学校の歴史や伝統、宗教の有無や種類、小中高の学校種、全日制か定時制／通信制か、普通科か特徴ある科か、進学校か進路多様校か、特別支援教育に対する考え、保護者の要望や期待、予算、ＳＣの待遇、勤務頻度や時間、具体的な業務内容、校務分掌上の位置づけ、相談室設計（改装）、学校で緊急事態が発生した際の対応など、多様な観点から検討する。

私学のボトムアップとトップダウンのニーズ

私立学校のＳＣ導入の相談には大きく分けてボトムアップとトップダウンのニーズがあり、これを意識する必要がある。

ボトムアップ・ニーズの場合は、学校の現場サイドの先生方のほうからＳＣ導入が必要であると表明されるものである。この場合、管理職（校長）や学校法人などへの提案の仕方についての相談（コンサルテーション）が含まれることが少なくない。

トップダウン・ニーズの場合は、公教育ですでに導入されているＳＣを遅れを取ることなく導入し、相談体制の充実をアピールするといった対外的な学校イメージ戦略が含まれていることもある。このような場合、現場の先生方のニーズと照らし合わせて考えていかないと、ＳＣ導入後に先生方との連携が課題となることも考えられる。

また、両者ともに、その学校の教職員を対象にスクールカウンセリング体制に関するニーズ調査を行うことを提案し、それを実施することで客観的な形でニーズを吸い上げて、それをもとに検討することもある。

学校法人との業務契約

①さまざまな形態

ＫＩＤＳカウンセリング・システムが行っている学校法人との業務契約には、さまざまな形態がある。現地学校でのＳＣ配置業務を含んだ契約もあれば、ＳＣとの契約は学校が直接行い、ＳＣへのスーパーバイズが業務契約に含まれる形態もある。ＫＩＤＳが行う業務は、ＳＣの人材派遣業とは異なるものである（実際、ＳＣ派遣を行うＥＡＰや人材派遣会社も存在する）。また、当初のＳＣ導入における初期のシステム構築と学校がＳＣを募集・採用する際のコンサルティングまでを業務として依頼されることもある。

過去に事件事故などの学校危機を経験した学校は、危機介入などへの協力を含んだ、学校の信頼できるパートナーとして心理専門職をコンサルタントとする必要性を高く認識している。学校が危機に見舞われた際、学校事情を勘案したうえで、システマティックに対応を考え、外部専門機関との広いネットワークをもって動ける心理専門職へのニーズは、これからも高いといえる。

②業務契約の一例

ここで業務契約の一例として、長く継続されている包括的スクールカウンセリング・コンサルテーションの概要（SC配置を含むもの）を紹介する。

業務目的は私立某中学高等学校に対する包括的スクールカウンセリング・コンサルテーションである。

業務内容は主に以下の六点が挙げられる（以下に示す具体的な回数・時間数などは、あくまでひとつの例である）。

・スクールカウンセリング・システム構築・運営に関する定例ミーティング（KIDSにおいて行う。相談委員会主任・養護教諭・SC、およびコンサルタントなどが参加）。頻度は年間二時間、学期に一回（いじめや特別支援教育についても扱われる）

・教職員に対する教育相談研修（コンサルタントが学校で行う）。頻度は年間一～二回程度

・生徒および保護者に対する心理教育活動（生徒に対してはSC、保護者に対してはコンサルタントが学校で行う）。頻度は年間二回程度

・教職員の生徒および保護者への対応に関するコンサルテーション（電話、メール相談：一般的なレベルの内容）。頻度は必要に応じて随時

・スクールカウンセラーの業務（いじめ防止対策を含む）。一日七時間勤務、週三日来校、年

間四〇週参加

・その他右記に付随する相談、コンサルテーション。契約書には機密の保持や個人情報の保護などについても細かく明文化されている。

③業務活動の報告書

業務契約をしている学校へは毎年度、業務報告書を提出する。それは時間をかけて丁寧に作成される。業務遂行に関するアカウンタビリティ（説明責任）を果たし、契約更新に足る根拠と意義を認めてもらわなくてはならない。

個別事案に関しては守秘義務があるため詳細を伝えることはないが、しかし、どのような表現によって業務努力や負荷などを妥当に理解してもらえるかにもこころを配る必要がある。契約更新においては、双方の事情を背景にして、経済面での交渉を行わなければならない。

現場の先生方からの感謝や評価のお声をいただくこともありがたいが、学校法人の方から、現場から聞いていますとコンサルティング業務に関して労いや評価をいただけることもまれにある。それを励みに次年度もよい活動をしようと元気づけられることも事実である。

新たな心理的支援のカタチを創出する

ここまで、筆者が同志らと開設した開業心理相談機関について、設立の際の願い、その歩み、主な事業展開を紹介した。特に、ハード面におけるモニターシステムの導入や、業務面での私立学校へのスクールカウンセリングのシステム構築とそれに関する包括的なコンサルテーション活動などは、ＫＩＤＳカウンセリング・システムを特徴づけるユニークな取り組みであり、開業心理相談機関であるから取り組めた心理支援のカタチである。

本稿では十分に触れられなかったが、経済的な基盤を確立できるようにすることも大切である。心理的援助サービスの品質の維持・向上には、自分たちの努力だけでなく、つねに虚心になり、ユーザーからの公平なフィードバックをもらうことも重要である。そのためには評価にさらされることへの覚悟を持つ必要があろう。

心理師の仕事は、人々や社会のニーズに敏感になり、必要な心理的支援を行えるようになることである。それが既存の方法や枠組みでできないのであれば、新たなカタチを創出する発想をもつことで、さらに大きな可能性が拓かれると思う。

心理師として、何のために何を誰とどのように行うのか？　自分（たち）の得意領域は何か？

これらのことをつねに考えていくことが大切である。一人ひとりの心理師は、コミュティ（地域・領域など）のニーズ、社会情勢などを感知しながら、役立つ心理的支援を提供し、それに有用な仕組みを構築することに寄与できる存在であることを忘れてはならない。そのためには、心理職同士でも多職種間でも、よい仲間づくりを進めることだ。心理職同士と多職種間のネットワークは、社会的に求められる仕事をよりよく行っていくのに重要であり、またいざというときに助けてくれるものでもある。

最後に、人々の困難や課題、危機に寄り添うのが心理師であり、それは決してたやすくはない。しかし、自分と仲間を活かしあうことによって、やりがいと楽しみを感じられる誇りある仕事となることをお伝えしたい。

〔参考文献〕

黒沢幸子、森俊夫、有本和晃、久保田友子、古谷智美、寺崎馨章「スクールカウンセリング・システム構築のための包括的ニーズ調査（その一）――教職員用包括的ニーズ評価尺度ＣＡＮ－ＳＣＳ（Ｔ－ｖｅｒｓｉｏｎ）の信頼性と妥当性」『目白大学人間社会学部紀要』一号、一一―二五頁、二〇〇一年
黒沢幸子、森俊夫、元永拓郎『明解！スクールカウンセリング――読んですっきり理解編』金子書房、二〇一三年
森俊夫、黒沢幸子『心理療法の本質を語る――ミルトン・エリクソンにはなれないけれど』遠見書房、二〇一五年

9

ハラスメント問題へのかかわりからのひろがり

窪田由紀
福岡ジェンダー研究所

はじめに

心理的な支援を要する問題を抱えておられる方が専門的な支援機関へつながることにはいくつものハードルがあるのを考えると、私たち心理支援者はさまざまな立場の支援者とつながり、人々が生活の場で必要な支援を得られるシステム構築にもかかわっていく必要を感じている。

本稿では、筆者がNPO法人福岡ジェンダー研究所の設立・活動にかかわるようになった経緯と、その過程で自治体をはじめとするさまざまな人や機関との連携・協働のなかで学んだことについて述べる。

ハラスメント問題、ジェンダー問題との出会い
――学生相談室のカウンセラーとして

日本でのハラスメント問題への着目は、一九八九年に判決が出た福岡セクシュアル・ハラスメント裁判に端を発する。それまで多くの女性が経験してきた性別にかかわる納得がいかないさまざまな出来事が、セクシュアル・ハラスメント、ジェンダー・ハラスメントという概念を得たことで明確化されていった。筆者自身、家族のなかでは女の子だからと制限を加えられることは少なかったものの、大学院進学後、先生方や先輩たちの言動の数々に疑問を抱くことは多かった。といっても、筆者の出身大学院で特別悪質なハラスメントが蔓延していたわけではなく、彼らのごく普通の常識が性別役割分業に基づくものであったことによる違和感である。

さて、その後、一九九三年からある私立大学で学生相談に携わることになった筆者は、かなり深刻な問題を抱えながらも、相談室を訪れることは「男の美学に反し」、まして「男性の自分が

女性のカウンセラーに『愚痴』を聞いてもらうのが情けない」と長い間一人で苦しんでいたAさんに出会った。当時、二〇歳前後の彼のなかに驚くほどの「男らしさ」の呪縛があり、彼の生きづらさを強めていることに愕然とした。他に、彼氏の時としてのひどい拘束、時としての無視といった言動に振り回されて疲弊していたBさんや、生活のすべてを交際相手に支配され、家族、友人など身近な人々との関係を完全に断たれたCさんの支援にもかかわった。Bさん、Cさんが被っていたのは、最近ではよく知られるようになったデートDVであるが、特にCさんの被害は長期にわたる重篤なものであった(これについては文献に詳しい[1])。

また、日頃から学生をバカにする発言を繰り返し、質問をしても指導してくれないなどといった、ゼミ教員との関係に悩むDさんも、思い余って相談室にやってきた。

Aさんの男らしさへの呪縛、Bさん、Cさんのデート DV被害の背景には、社会全体の男女のあり方への根深い価値観(ジェンダー観)があり、Dさんが被っていたのは、これもその後問題視されるようになったアカデミック・ハラスメントであり、教師が学生に対して持つ圧倒的な力が背景にある。

このような構造的な問題に対し、カウンセラーとしての筆者は、彼らの話をひたすら傾聴し、不安・恐怖・憤り・怒りや無力感、またしばしば抱かされている罪悪感を受容・共感しながら、若干のリフレーミングを試みるほかになす術がなく、強い無力感を抱くに至った。

学内外のつながりのなかで

この時期、国全体として一九九七年に男女雇用機会均等法が改正されてセクシュアル・ハラスメント防止が雇用主の努力義務として記載され、一九九八年には公務職場におけるセクシュアル・ハラスメント防止についての人事院規則一〇―一〇が制定されるなどの動きがあった。一九九七年には全国の大学に所属する教職員によってキャンパス・セクシュアル・ハラスメント全国ネットワークが結成され、各大学におけるセクシュアル・ハラスメント対策に関する情報共有・分析やそれらを基にした提言など精力的な活動が展開されはじめていた。

勤務校の社会学を専門とする同僚の誘いで、キャンパス・セクシュアル・ハラスメント全国ネットワーク九州ブロックの設立に向けての会合に参加した筆者は、福岡裁判の時期から長くハラスメント防止や被害者支援に携わってきた地元のパワフルな人々と出会うこととなった。学生たちの苦悩の背景にある社会的な問題へのアプローチが欠かせないと考えるようになっていた筆者は、一九九八年の九州ブロックの設立メンバーとなり、気づくとなぜか代表を務めることになった。

全国ネットワークにも参加し、メーリングリスト上や集会の場でさまざまな議論に触れるなかで、メンバーが個人的にもしくはブロックとして支援している被害者の多くが、当初学生相談室に相談しても適切な支援を得られなかったという複数の事実に触れて愕然とした。「被害を訴えても中立的に話を聴くだけ」「解決に向けての助言が得られない」「加害者（とされる教員）への直接的な意思表示を求められた」といった批判が相次いだ。当初、九州ブロックにも全国ネットにもカウンセラーはもとより心理学を専門とするメンバーはおらず、筆者は唯一の心理学関係者として非常に居心地の悪い思いをした。

当時、まだほとんどの大学でハラスメント防止体制が整っておらず、当然ながらカウンセラーのみならず、さまざまな立場の教職員もいかに動くべきかわかっていないなかでは致し方ないことだったかもしれないが、このときの衝撃はその後の筆者自身の方向性に大きな影響を与えた。

福岡ジェンダー研究所の設立に向けて

ところで、筆者以外の九州ブロックメンバーは、社会学、経営学や労働、福祉などを専門とし、それまでも職場や家庭、地域社会などにおける男女平等の実現に向けて活動し、多くは常勤、非常勤として大学で教鞭をとっていた強者揃いだった。全国ネットとも連携しながら、ブロック独自の活動としては、九州管内の大学・短大・高専等の関係者を対象としたキャンパス・セクシュアル・ハラスメントの理解と対応を促進するための講演会、文科省からの通知で続々と各大学に設置された体制のなかで相談員に指名された教職員を対象とした相談員研修などの啓発活動が中心であった。

他にも、男女共同参画センターなどの助成を受けて、各大学のハラスメント体制やガイドラインについての調査研究などを行い、その結果を広く発信するといったなかで、徐々に近隣の大学・短大・高専等から研修会の講師依頼が寄せられるようになった。それぞれ本来業務の傍ら務めていたが、主要なメンバーで話し合い、セクシュアル・ハラスメント防止に限らず、広くジェンダー問題の研修・相談・調査などに本格的に取り組む組織に発展させたいという結論に達した。二〇〇一年八月に任意団体「福岡ジェンダー研究所」を設立し、翌二〇〇二年にNPO法人として福岡県の認証を得た。本務校を持たず比較的時間の融通が利く数名が実務の中心を担い、メンバーの専門を生かしながら、九州初のジェンダー問題専門の民間シンクタンクとして、相談、研修・講演、調査研究等を中心とする事業に取り組むこととし、筆者が初代理事長の役割を担うことになった。

自治体との連携の広がり

設立メンバーの一部は、それ以前から、被害者支援や男女平等の実現に向けて活動する地域の複数の団体や自治体の関係部署とのつながりを築いていた。そのため、設立当初より近隣自治体から単発でのＤＶに関する研修会等の企画を依頼された。また、その時期、国全体のＤＶ防止・被害者支援の流れのなかで基礎自治体が女性対象の相談窓口の設置を求められるようになっていたが、県や政令市を除く市町村では、独自に相談員を雇用することや専門部署を設置することは難しかったため、そのような自治体からの「女性ホットライン」の委託が相次いだ。

そこで、福岡ジェンダー研究所では、県の助成も受けて「ＤＶ被害者支援のための人材育成講座」を実施し、講座終了後、受講者の意向や講座中の状況も含めて協議し、ホットラインの担い手として参加してもらう体制を取った。筆者自身は、講座の一部で講師を務めたほか、男女平等、ＤＶ被害者支援等に関心を持つ勤務校の院生や修了生に声をかけ、この問題への心理専門家のかかわりを広げるよう努めた。他のメンバーからの声かけもあって、徐々にスタッフのなかに心理学を専門的に学んだメンバーが増えてきている。

心理臨床におけるジェンダーの視点に関する優れた論考は散見されるもの(2)の、心理臨床家の養成課程でこのような視点に触れる機会は決して十分ではない。そういう意味で比較的経験が浅い心理臨床家が、ジェンダー研究所のスタッフとして、大学院付属の臨床心理センターでは決して出会うことのないさまざまな背景を持つ相談者や多彩な学問背景を持ちながら広く社会にかかわってきたスタッフと触れる機会を持つことは、卒後研修としても非常に貴重な機会と考えることができる。

その後、ホットラインを経て、対面での相談体制を構築し、相談員の派遣を当研究所に委託する自治体も出てきた。自治体以外に大学の学生相談室や大学の職員相談室への相談員派遣も行ってきている。これらの業務は、有資格者を中心に心理臨床のトレーニングを受けた相談員が担うことが多い。

また、比較的早い時期からセクシュアル・ハラスメントの相談業務の委託を受けていた自治労（全日本自治団体労働組合）本部からは、東日本大震災の折に、現地に派遣された組合員の事後のメンタルヘルスケアを依頼された。災害支援の支援者支援に関するかなり専門性の高い内容で、筆者が中心となってプログラムを構築した。

活動内容の広がり

設立の経緯から福岡ジェンダー研究所の活動は当初セクシュアル・ハラスメントやDVの防止、男女共同参画といったテーマが中心であったが、メンバーの多様な専門性や時代の要請により、徐々に活動内容が広がっていった。

相談に関しては、DVやハラスメント被害に限定しないメンタルヘルスケアに広がり、関連したストレスマネジメントやアサーショントレーニングなどのコミュニケーション講座、支援者のセルフケア講座などの依頼や独自開催につながった。DV被害者の自立支援の流れからキャリア支援へ発展し、女性の活躍促進のための自治体募集の講座の企画・運営の受託などにもつながった。

相談事業、研修・講演会開催や講師派遣事業と並ぶ当研究所の民間シンクタンクとしての特徴的な事業の一つが調査・研究・コンサルタント事業である。社会調査の経験豊富なメンバーがすでにネットワークを持っていたこともあって、当初から自治体を中心に調査や報告書の監修やそれに基づく計画の策定などをコンスタントに受託している。男女共同参画、次世代育成支援、子ども・子育て支援、ワークライフバランスなどを中心に、住民の意識調査の実施と報告書の作成、それに基づく自治体の行動計画策定に数多く関与してきている。これらは、国の施策の流れから自治体に求められる計画策定にかかわるものであり、まさに時代の要請に沿うものである。途中から当研究所のスタッフに加わったメンバーも含めた数名が、テーマに応じて近隣大学の研究者とも連携しながら推進している。

相談、研修・講演、調査研究等の経験をもとに、研修プログラムや教材の開発、出版等にもかかわってきている。多くは自治体の男女平等、ハラスメント防止、デートDV防止やワークライフバランス等に関する啓発冊子の作成や監修への関与であるが、当研究所独自に『そこが知りたい！パワハラ対策の極意』という書籍を企画し、筆者も含めてメンバー数名で執筆・出版した[3]。そのほか、コロナ禍でオンラインでの研修開催や研修動画の作成等を余儀なくされたこともあり、研修資料のアーカイブ化についても検討している[4]。

心理学が社会のためにできること

ところで、すでに述べたように、全国ネットワークでの議論のなかで、キャンパス・セクシュアル・ハラスメントの被害者支援において、学生相談室が役に立たないどころか、その助言で学内の他部署や場合によっては加害者とされる人物と直接やりとりすることでさらなる傷（二次被害）を負わせたという言説に触れたことは、筆者にとって非常に衝撃的であった。

また、筆者が遅ればせながら触れた女性学のアプローチのなかにおいても、心理学における母性研究、発達理論や性差に関する多くの言説が男女の違いとそれに基づく固有の役割の強調につながり、性差別に深くかかわっているという指摘がなされており[5][6]、一研究者として勝手に心理学者を代表しているようでおこがましいのだが、非常に肩身の狭い思いがした。

あらゆる学問と同様、心理学も種々の具体的な問題解決を通して人々のウェルビーイングの実現に寄与することが求められる。この時期以降、筆者は自身のそれまでのささやかな研究や実践を振り返りつつ、心理学が社会のために何ができるかについて考えるようになった。

その結果、社会に対して、基礎研究から臨床実践、システム構築といった三つの方向からの接近が可能であると考えるに至った（図９－１）。

その一は、主として心理学の基礎研究を通しての人間行動、なかでも種々の不適応・問題の発生・継続のメカニズムやその背景要因の分析が挙げられる。学習理論による恐怖症の解明などが代表的であろう。

その二は、その一で明らかになったことを根拠として、実際に問題を抱える人や社会に実践的に介入するアプローチである。種々の心理療法の実践のほか、学習心理学・認知心理学の知見を根拠とした学習支援などが挙げられよう。

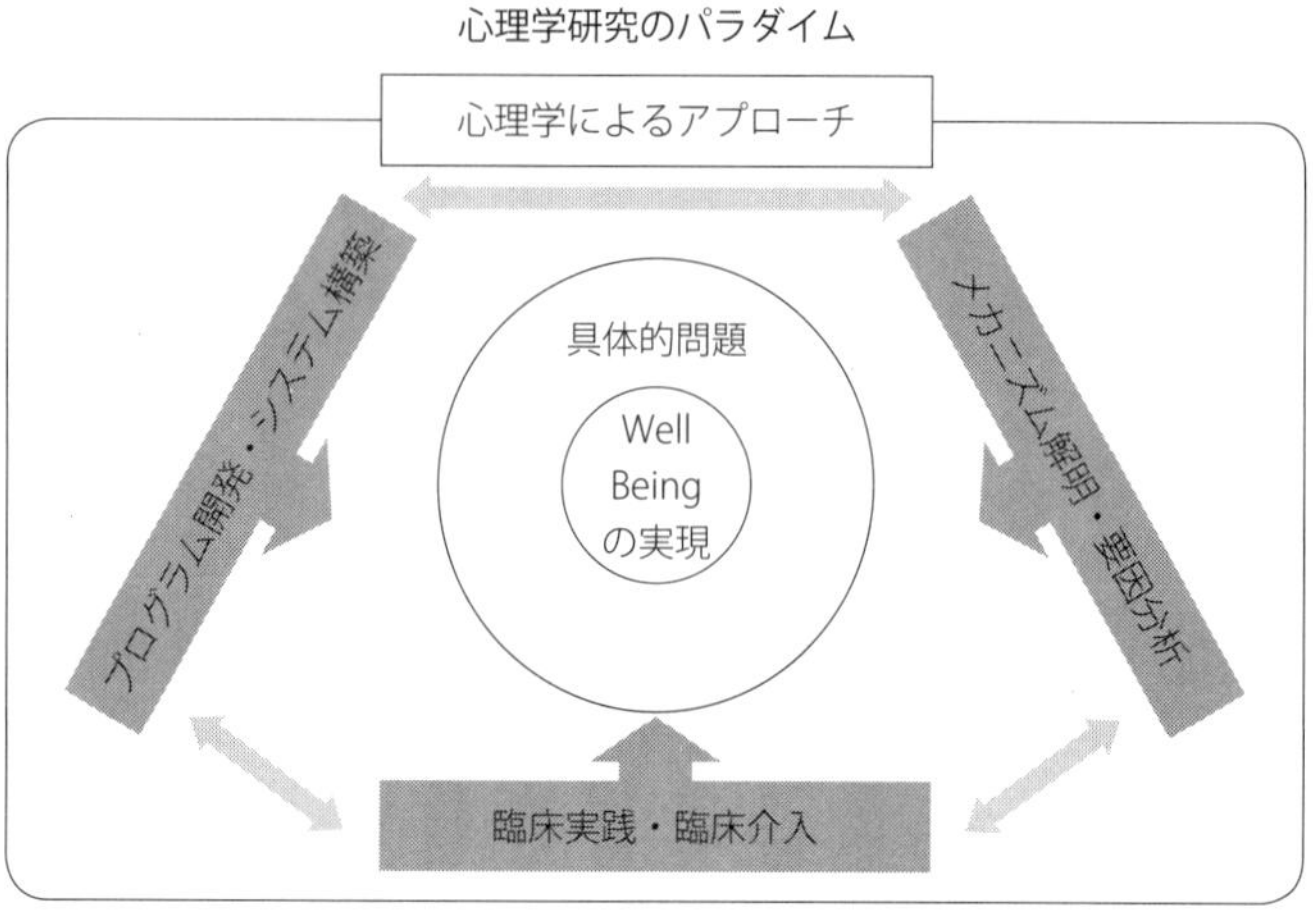

図9-1　心理学研究のパラダイムと具体的問題へのアプローチ

その三は、それらの効果的な実践・介入を広げ、つないでいくために、プログラムをパッケージ化したり、継続可能なシステムを構築したりすることである。

　ここでは、筆者自身がささやかながらハラスメントやDV被害者支援にかかわるなかで展開してきたことを、このパラダイムに即して触れてみたい。

　ハラスメント問題にかかわるようになった際、筆者はハラスメントの背景にある力関係を社会的勢力の概念[7]を用いて分析することが可能ではないかと考えた[8]。社会的勢力とは、「他者を一定の方向に変えることができる潜在的な能力」のことであり、対人的な影響力「言うことを聞かせることのできる力」である。

　フレンチとレイブンは、そのような影響力が生じる背景に資源の偏在を挙げており、資源の内容によって社会的勢力を、報酬勢力、強制勢力、正当勢力、専門勢力、準拠勢力の五つに分類している。金銭や物品のほか、職務の評価権、単位認定権、就職や進学に際しての推薦権などを持つ人は、それらを必要とする人に対しては報酬勢力を持つ。逆に単位を認定しない権限、低い評価をする権限、解雇の決定権などを持つ人は強制勢力を持つことになる。「相手が自分に行動を指示する正当な立場にいる」という認知からの影響力は正当勢力である。専門勢力とは専門的な知識や技能を持つことによって生じる影響力であり、また準拠勢力の基盤となるのはなんらかの魅力であり、自分が尊敬・信頼を寄せている人には従うというものである。

キャンパスにおける教員から学生へのハラスメントは、企業における上司・部下間のハラスメントに比して被害者の社会経験が乏しく教育・訓練途上にあることに加え、教員の持つ力が絶大であり、深刻化しやすい点が指摘されてきたが、社会的勢力の概念を用いた力関係の分析は大学におけるハラスメントの構造的な理解に資するものとして引用される機会も少なくなかったし[9][10]、その後、セクシュアル・ハラスメント裁判において被害者の支援者から意見書の提出を要請されることにもつながった。

社会的勢力の概念を用いた力関係の分析はその一に該当するが、その理解をもとに、その二のハラスメント被害、DV被害など、圧倒的な力の差があるなかで苦しんでいる方への自身のかかわりや、研修等での支援者を対象にした発信に生かしてきた[11][12]。また、ハラスメントの構造的な理解や被害者支援のなかで明確となったことは、その三のシステム構築につながった。当時勤務校で検討されていたセクシュアル・ハラスメントやアカデミック・ハラスメントを含む人権侵害の予防と救済に関する人権保障規程の策定や、そのなかで学生相談室が果たす役割の明確化に反映することができた。

このようなプロセスを経て、当初この領域での心理学の貢献に悲観的だった筆者は、その一のメカニズム解明・要因分析、その二の臨床実践・介入、その三のプログラム開発・システム構築が有機的なつながりをもって提供されることで、心理学が人々のウェルビーイングの実現にささやかながら寄与することが可能になると思えるようになった。

さらに、キャンパス・セクシュアル・ハラスメント全国ネットワークへの参加、裁判支援（意見書執筆）といった活動は、その四の社会活動として位置づけられるだろう。コミュニティ心理学でいうところのアドボカシーに該当する。

福岡ジェンダー研究所の活動を通して

先に述べたように、福岡ジェンダー研究所は多様な専門性を持つメンバーで構成されている。いずれも「一人ひとり、それぞれの個性と能力を発揮して、生き生きと輝く社会をめざして」という当研究所の理念に賛同し、そのための活動に労を惜しまない点で共通していた。メンバーの幅広い専門性やそれぞれの領域でそれまでに構築してきたネットワークが寄与して、当研究所の守備範囲が設立当初のハラスメント防止から広がってきたことはすでに述べたとおりである。

筆者は、学部・大学院ではグループダイナミックスを専攻し、その後若干の経緯を経て臨床実践をスタートした現場は精神科デイケアであり、その後も学生相談やスクールカウンセリングをフィールドとしてきたため、決して面接に閉じこもるスタイルの臨床家ではない。早い時期から心理教育や緊急支援などコミュニティでの活動を重視してきたこともあり、コミュニティでの多職種連携は自然な営みだと認識してきた。しかしながら、学生相談という、心理職としてはごく一般的な現場で出会った学生たちに導かれるようにしてつながったキャンパス・セクシュアル全国ネットワーク、そしてその九州ブロックの活動やその発展としての福岡ジェンダー研究所のメンバーや活動を通して、それまで自分がかかわってきた世界がきわめて狭いことに気づかされた。

また、人並みには社会の動きに目を向けてきていたつもりだったが、当研究所が多くの自治体からの受託した内容から、今、日本がどのような問題に直面し、その解消に向けてどのような施策が講じられているかをリアルに知ることになった。相談の現場に現れる人たちは、世の中の矛盾の影響をいち早く受け、敏感に察知する「炭鉱のカナリア」の役割を持っているとはこれまでも指摘されてきたことだが、そのような方々に接する支援者は、一人ひとりのクライエントさんの困りごとの背景にある社会の問題を捉え、人々に共通する問題として発信することも重要であると改めて思い至った。

考えてみれば、DVにしても児童虐待にしても、防止法として法制化されるまでには、多くの被害者・犠牲者と熱心にかかわってきたさまざまな領域の支援者が声を挙げ、その声がようやく届いた行政機関によって実態調査が行われ、その結果が公表されるという長いプロセスがあった。大仰にいえば、個々の相談者の支援から社会全体の変革までが決してバラバラのものではなく、そもそもバラバラであってはならず、迅速かつ有機的につながっていることが重要であろう。

もう一つの「目から鱗」体験は、被害者への心理支援の担い手に関する認識の変化である。このろのケア、心理支援が決して心理専門職の独擅場ではないことをリアルに実感した。コミュニティ心理学の理念では他の学問や研究者・実践家とのコラボレーションが掲げられ、専門家の黒子性が指摘されてきたが[13]、ジェンダー研究所の活動を通してこれらの理念がストンと腑に落ちた気がした。これは、大規模自然災害時にボランティアも含む多くの支援者に出会ったときの感覚と通じるものであった。

前項で少し大風呂敷を広げ、心理学が社会のためにできることについて述べたが、そのどのアプローチにしても、心理専門家だけで完結するものはなく、さまざまなバックグラウンドを持つ支援者とのつながりのなかでこそ発揮できる専門性があることを、この間、学んできた気がしている。

後進の皆さんへ

ところで、心理学が社会のためにできることとして上げた三つ、もしくは四つのアプローチについて、筆者自身はたまたまハラスメント問題のすべての過程にかかわる機会を得たが、必ずしも一人ですべてを網羅する必要はない。重要なのは、自身の営みの位置づけを理解しておくことであろう。

そもそもこのパラダイムは窪田オリジナルの一試案に過ぎないので、この枠組みに囚われる必要すらないが、公認心理師は心理学という学問を基礎とする専門資格であり、公認心理師法第二条に掲げられている一から四の業務は、いずれも心理学という学問を根拠とする営みであることが前提となっている。

学部カリキュラムで明らかなように、公認心理師には多くの基礎心理学の修得が義務づけられている。臨床実践の現場にどっぷりと浸かってしまうと、ともすれば見失いがちなこれらの基礎心理学と日々の実践のつながりに意識的であることが重要であろう。その三のプログラム開発・システム構築や、その四のアドボカシーと心理師としての狭義の臨床実践とのつながりを実感するには、どのようなテーマであれ、多様な人々とともに現実問題にかかわる場に身を投じてみることをお勧めするというのが、筆者が経験を通して学んできたことのひとつである。

〔文献〕

(1) 窪田由紀「暴力による心の傷とそこからの回復―Aさんの事例を通して」『女性ライフサイクル研究』九号、三九―四四頁、一九九九年
(2) 無藤清子「心理臨床家におけるジェンダー意識―ジェンダー・センシティヴィティ」園田雅代、平木典子、下山晴彦編『女性の発達臨床心理学』三九―五三頁、金剛出版、二〇〇七年
(3) 福岡ジェンダー研究所『改訂版 そこが知りたい！パワハラ対策の極意』西日本新聞社、二〇一三年
(4) NPO法人福岡ジェンダー研究所ホームページ https://www.fgsi.jp/ (二〇二三年五月三〇日閲覧)
(5) 東清和『性差の社会心理―つくられる男女差』大日本図書、一九七九年
(6) 井上輝子『女性学への招待―変わる／変わらない女の一生』有斐閣、一九九二年
(7) French JRP Jr, Raven BH: The bases of social power, 1959. Cartwright D (Ed)：*Studies in social power.* pp.150-167, Institute for Social Research.（千輪浩監訳『社会的勢力』誠信書房、一九六二年）
(8) 窪田由紀「セクシュアル・ハラスメントの背景―社会的勢力の概念による「力関係」の分析」『九州国際大学教養研究』六巻、一―二〇頁、一九九九年
(9) 沼崎一郎『キャンパスセクシュアル・ハラスメント対応ガイド―あなたにできること、あなたがすべきこと 改訂増補版』嵯峨野書店、二〇〇五年
(10) 松本克美「セクシュアル・ハラスメント―職場環境配慮義務・教育研究環境配慮義務の意義と課題」『ジュ

リスト一二三七号、一三七―一四五頁、二〇〇三年

(11) 窪田由紀「キャンパスにおけるセクシュアル・ハラスメント対策―有効なシステムの構築と運用に向けて」『学生相談研究』二二巻、九〇―九九頁、二〇〇〇年

(12) 窪田由紀「考え方と事例―キャンパス・ハラスメントへの対応」『臨床心理学』六巻、一九四―二〇〇頁、二〇〇六年

(13) 山本和郎「コミュティ心理学の臨床分野への貢献　そしてさらなる展開へ」『コミュニティ心理学研究』五巻、三九―四八頁、二〇〇一年

10

性加害／被害の断絶を超えて

藤岡淳子
もふもふネット

もふもふネットについて

活動内容

なぜ「もふもふネット」と言う名前なのですか？　としばしば問われるが、特に深い意味はない。ただ、「柔らかくて、暖かいイメージで、ネットワークを大切にする」といった着想である。

新大阪にオフィスを置き、主に、性加害行動を手放すためのグループを中心とした男性に対する治療的教育の実施、その家族支援、そして性被害を受けた女性、性被害を受けた子どもを持つ母親のグループ支援を行っている。加えて、性加害・性被害・グループなどの臨床を実施する専門家のための研修も数多く実施している。

元々は、性加害・性被害のみならず、非行・犯罪・暴力の悪影響を低減させることを活動の目標にしているが、なぜか性加害・性被害に関する相談が圧倒的多数で、いまやそれに特化しているような印象がある。もふもふネットの活動について、より詳細は、もふもふネットのホームページ（https://mofumofunet.jimdo.com/）を参照されたい。

活動を始めた経緯

もふもふネットは、「さあ起業するぞ！」と思って始めたわけではない。

筆者は元々少年鑑別所で非行のアセスメント、少年院で矯正教育、刑務所での受刑者のアセスメントと矯正教育に二〇年間携わっていた。刑務所や少年院では、性犯罪・性非行の矯正教育プログラムを担当していたこと、アメリカ留学中に、性暴力行動変化のためのプログラムが発展していることを知り、学ぶ機会を得たこと、その後二〇〇二年に大学に移った際に、児童自立支援施設や児童相談所で性問題行動のある子どもたちのプログラムを開始する機会と経験を得たことなどから、性暴力を博士論文のテーマとして執筆した。それが単行本として出版されると、性犯罪を行った男性や家族から電話や手紙で相談を受けるようになったことが始まりである。

特に、性加害行動を持つ息子を抱える家族からの相談を受けてその窮状を知るにつれ、家族もある意味被害者であるのに不当であり、家族を支援することこそが、性加害を減らすことにもつながると感じた。そこで、大学の研究室で、細々と、性犯罪行動を手放すための個別面接や家族会を無料で実施していた。

それを大学内ではなく、外にオフィスを借りて、ということは有料で実施しようと考えた契機は消極的なもので、大学で「性犯罪者」への風当たりの強さを実感し、研究室に性犯罪者を入れていることが露見したら問題になるかもしれないという危惧からであった。とはいうものの、二〇年ほど前には性犯罪行動変化のためのプログラムは、刑務所や児童自立支援施設など、司法手続きを経て施設に入らないと受けられない状況であり、もっと早めに社会内で受けられるようになる必要性を感じてもいた。さらに、学会や研修受講で渡米すると、司法領域でもサイコロジストやソーシャルワーカーが開業していて、しかも開業は専門職として高く評価されているように思われた。

同じころ、日本の司法領域では、医療領域とは異なり、有料で治療と介入を提供する枠組みはほとんど見られなかったが、性犯罪を行った者は従前の犯罪者とはやや異なる社会経済層であり、他の犯罪歴はなく、性犯罪以外は向社会的な態度・価値観を有していることも多く、働いていて経済的にも困っておらず、あるいは中流家庭の子弟で、有料でもプログラムを受講しようとする者が一定数いた。

そこで、試しに友人の笠原麻央・絵里子弁護士夫妻の所属する弁護士事務所の一室を日曜日に無料で借りて、有料の性加害行動変化のための治療教育グループを開始したのが二〇一三年である。どうやらやっていけそうな気がしたので、翌年、現在の新大阪にあるオフィスを借りて、開業（？）した。クライエントが遠方から来所することも多く、グループをやるのでそこそこ広い部屋も必要なため、家賃が安くはなく、赤字を出さないために、一定収入の見込める専門家向けの研修も行うこととした。

スタッフは、全員本業を有しており、手弁当の活動ではあったが、赤字は出さずに行ける見込みもたち、その頃、一般社団法人化した。プログラムや研修の実施は、お手のものという感じはあったが、むしろ「経営」が不安ではあった。弁護士であるメンバーの存在は心強かった。社団法人化の手続きは笠原絵里子弁護士が担ってくれ、現在は笠原麻央弁護士が会計報告と税金申告を行ってくれている。いずれもボランティアである。弁護士資格にはもれなく公認会計士資格までついてくるとはそれまで知らなかったが、弁護士資格の強さを改めて思い知った。

長時間座っても疲れない椅子や居心地のよい部屋の雰囲気作りなど、初期投資は覚悟していたが、その先自腹を切ってもでは続かない。グループ参加料や研修参加料をいくらにするかも手探りであった。とりあえず、スタッフの時給を低く抑え、家賃だけでも賄えればよいという料金設定でスタートした。長い間公務員生活であったので、面談後に現金を手渡しでいただくのが最初は緊張した。それでも支払った金額に見合うだけのものを提供しなければならないという責任感も生じ、これもなかなかよいものだと思うようになった。腕を磨くことが必須となる。そして何より直接クライエントから学ぶことができて、それで対価をいただくというのはお得なので、相手にもお得を返さねばという気がした。

被害者とその母の支援グループの開始

もふもふネットの特徴のひとつは、加害と被害の両方を対象とすることかもしれない。法人の目標が「暴力撲滅！」なので、加害と被害を断絶させることなく、暴力の裏表として、ひとつの事象として総合的に対応していくことに迷いはなかった。筆者が臨床のもうひとつの柱として実践している治療共同体では加害行動の背景にある被害体験を扱うし、また非行のある少女や女性の犯罪者においては、被害体験と非行・犯罪行動は不即不離、というか被害を扱わなければ何も始まらないということは明らかであるように思えた。

それをもふもふネットでの実践に移すことができたのは、被害当事者の声を受けて、二〇一五年に治療共同体「アミティ」の女性向けワークブック「Tending Your Heart's Garden（心の庭を手入れする）」をもとにした被害者支援グループを、当時島根あさひ社会復帰促進センターで治療共同体ユニットリーダーをしていた現・同志社大学の毛利真弓さん、および被害者支援を専門とする大阪大学の野坂祐子さんと一緒に試行するに至ったことである[1]。その後被害者支援グループは野坂さんを中心として継続され（たぬきの会）、翌年には、被害者の試行グループに参加していた当事者の依頼で、被害者の母親支援グループ（ひまわりの会）の実施を請け負い、現在に至っている。

二〇二一年からは、後述の対話サークルの流れを受けて、たぬきの会に参加している被害者、ひまわりの会に参加している被害者の母、家族会（牧場）に参加している加害者家族、そして支援者・専門家が同じサークルでともに語り合い、トラウマ・インフォームド・ケア（ＴＩＣ）について学ぶ学習会も開催している。

活動の展開と現在の活動

①グループ・サークル活動

幸いと言うか、残念なことにと言うべきか、グループ参加希望者は途切れることなく、むしろ増え続け、ひとつから始まった性加害のグループは成人グループ三、少年グループ二の五つに増え、性被害のグループへの参加者も一グループでは追い付かない様子となっている。しかし、グループや研修の開催は週末に限られ、スタッフと場所の関係上、これ以上グループを増やすことが困難であり、苦慮しているところである。

支援を必要としている家族も多く、家族会（牧場）には多くの家族が参加され、基礎知識を学習したり、互いに共感し、支え合って、力を蓄えているように思う。

②対話サークル活動

もふもふネットでは、当事者たちのグループのみではなく、暴力撲滅の目標に向けて、コミュニティにもサークルを広げていくことを目指して、随時、加害・被害当事者、家族、専門家たちの体験と声を伝えていく対話サークル活動を実施している。

これまでに「刑務所とその後の暮らしを考える」「被害者と加害者は断絶を超えていけるか」「家庭内性虐待への対応」等と題して実施してきた。いわゆる支援者・専門家と呼ばれる人や社会一般の人たちが、直接被害体験のある人たちや加害行動を行ったことのある人たちの声を聴くことは、理解を進めるために貴重な体験であるし、当事者たちにとっても、自身の体験を言葉にして伝え、聞かれる体験は大切なものである。

なかでも、性被害体験のある女性たちと性加害行動を行ったことのある男性たちの対話サークルは、それまでになかった対話の機会であり、緊張感の中、それぞれの気持ちと考え、体験が分かちあわれ、大きな反響を得た(2)。今後も対話サークルを年に一回程度は開催していく考えである。

③研修活動

研修は重要な収入源である。性加害、性被害にかかわる支援者・専門家のための実践的な研修を実施している。また、グループの実践、包括的セクシュアリティ教育、弁護士との協働など、有益な介入方法や知識についても学ぶ機会を提供している。同時に、研修に際して集まる支援者・専門家の人たちとの顔が見えるネットワーク作りも目的のひとつとしている。

参加者は、今までのところ児童福祉機関や司法機関で心理や福祉の仕事をしている専門職が多く、民間の被害者支援機関のスタッフ、まれに関心のある医師や弁護士といった方々である。日頃直接かかわることは多くないが、実際には関係のある場所でそれぞれが懸命に働いている人々である。こうした人々のつながりが、日本の司法臨床の実践の質と量の向上につながると実感している。全国に支援者・専門家とのネットワークができてきているのはとても心強い。

コロナ禍で自粛期間が長くなった際には、対面での研修や面接が困難になったため、オンラインによる研修や個別面談、スーパービジョンなどの体制を整え、研修動画の販売を開始した。これが自粛期間の収入を支えてくれた。

④外部事業の受託

法人化することによって、外部機関との契約が可能になり、法務省からの委託を受けて、少年院を仮退院した少年少女たちに学習支援と再犯防止支援を実施している。高卒認定試験に合格して専門学校に進学した少年や、大学に復学した少年、いじめなどのこころの傷や家族との絆を回復させつつある少年少女たちなど、頑張る子どもたちを支援できることに手ごたえを感じる。

今後も可能であれば、公的機関とも連携・協働して、社会内・地域内での再非行・再犯罪の防止に有益と考える事業に参画していきたい。学校や地域に対話の経験や機会、仕組みを提供して、力を合わせて、一人ひとりが大切にされ、力を発揮できる社会に近づくことを目指したい。

スタッフ

スタッフは、心理師一〇名、福祉士二名、弁護士二名、精神科医一名である。とはいえ、代表理事である筆者以外は、全員本職を持っている。大学教員、スクールカウンセラー、公務員、弁護士などである。加えて、もふもふのグループに参加していた性加害、性被害の回復者がグループを手伝ってくれている。

スタッフは、これまでに矯正施設で非行少年や受刑者のアセスメントや矯正教育に携わった経験のある者、刑務所での性犯罪再犯防止教育に外部心理師として従事した経験のある者、児童相談所や児童自立支援施設で性問題行動のある子どもたちの治療教育プログラムにかかわった経験のある者、地域で犯罪行為のあった人たちを支援した経験のある者など、いずれも非行・犯罪の支援・治療的教育に経験と知識の深い専門家で、ある意味さらなる経験と研鑽を求めて、なかばボランティアか道楽のように集っていると言っても過言ではない。この人ならグループを任せられると筆者が見込んだ人に声をかけ、乗ってくれた人たちである。スタッフこそが、もふもふネットの基盤である。

業務内容

申し込みはすべて本人からのメールによる（少年は保護者からでも可）。実際には、警察に逮捕され、裁判を待っている、執行猶予がついた、保護観察になったなどの司法手続き中に弁護士や他の専門家から紹介されることが多いが、あくまで本人からのメールによる参加意思表明があってはじめて面談を行う。本人の変化への動機づけを少しでも高め、確認するためである。申し込みメールを受けると、年齢（成人か少年か）とリスク（施設経験の有無）に応じて参加可能性の高いグループの心理師が、申し込みメールに返信して、日程を調整し、初回面接を行うことになる。

以下では、心理師の業務として、初回面接、入門のための性加害のグループ（基礎講座）でどのような業務を行うか、どのような知識や経験、態度が求められるかを簡単に記載する。

共通して求められるのは、「性犯罪者」ではなく「性加害行動を行った者」として一人の人間を観て対応することである。行動は、手放して別の行動で置き換えることができる。性被害を受けた人に対しても同様で、被害体験がその人のすべてではない。被害者であろうと加害者であろうと、老若男女誰でも一人の人間としてリスペクトを払い、かかわることが前提である。

犯罪や暴力、そして性といったタブーとなりやすいことがらについて、自身の価値観や態度をまず自己覚知する努力を行うこと、スタッフ同士の分かちあいによって、自己覚知をバージョンアップし続けることが必須となる。

加害行動のある男性の初回面接

もふもふネットにそれなりの必要性を感じて来談してはいるが、それでも性加害行動が本人にとって何らかのニーズを満たしているので、それを手放すことに両価的な感情がある場合が一般的である。また、性については人に話しにくく、ましてやそれが「性犯罪」であり、司法手続きにのっている非難されうる加害行動であれば、正直に話すのが難しいこともある。

したがって、性加害行動を扱う際には、一般の臨床以上に、正直に話し一緒に改善方法を考え実行していく信頼・協働関係を作っていくこと、変化あるいは来談への動機づけを強めていくことが重要になる。同時に性加害の場合、再犯罪は新たな被害者を出すことに直結し、本人にとっても問題をさらに複雑化させることになるので、再犯リスクの見極めや当面の再犯防止のための手立てについてアセスメントして介入プランを作成し、それを本人や家族と共有していく必要がある。

秘密保持の原則とその限界の説明や、性加害行動に至る際の一般的なプロセス、どのような理論と考え方に基づいて治療的教育を進めていくのかなどについての説明や知識の付与、理解の促進も重要な点となる。本人や家族の不安や心配、質問に答えつつ、本人が自分で努力し、行動を変えていく姿勢を作っていくことが大切になる。本人の行動に責任を負うのは本人であり、支援者は、彼がそれを自身で負えるようになり、より充実した生をおくる力を伸長させていくのを手伝うことが役割となる。

初回面接では、来談の契機となった性加害行動について具体的に聞いていく。いつ、どこで、誰に、何をしたか、いつ頃からそうした行動が始まり、どのように続いたか、といったことである。そうした犯罪行動に関する情報こそが、最も雄弁にその人の課題を示してくれるからである。きちんと面接の枠組みを説明し、納得を得ることにより、ほとんどの人が率直に話すが、中にはあまり話したがらない人もいる。それも重要な情報となる。可能な限り、起訴内容や供述調書などで「事実」を確認することが望まれる。

一般の心理臨床同様、あるいはそれ以上に成育歴、家族歴をていねいに確認し、加えて、自慰などの性行動、女性との交際関係、自身の被害体験、友人や先生・上司などとの関係性も傾聴していく。彼がどのような生活を送り、何を考え、感じ、それがどのように性加害行動につながっているのかを理解し、共有し、一緒に対応策を考え、実行していく基盤を作ることが目標となる。

九〇分の初回面接が終了するころまでには、これからの方針について合意に達していく。グループに参加するのか、個別面接を続けるのか、あるいはどこか他の機関に行くのかといったことである。基本的には、グループへの参加を勧めることが多い。性加害行動を行う男性は、コミュニケーションに苦手意識を持つ人が比較的多く、他の男性たちとサークルになって話し合うことに不安と戸惑いを抱くのが一般的である。それだけに、グループの中で、他の男性たちと思ったこと、感じたことを言える、聞けるを体験し、一人ではないと感じとれることが大切になるからである。とはいえ、週末は仕事があってグループに参加できないとか、家庭内性虐待で司法手続きには係属しておらず、他の「性犯罪者」とは違うので個別で続けたいと希望する場合などもある。

具体的な初回面接のやり方の詳細は、文献を参照されたい(3)。

基礎講座の運営

グループに参加する場合、原則として隔週日曜日の午前中二時間、計四回の「基礎講座」にまず参加してもらう。基礎講座はグループを担当するスタッフが二人ずつ交代で担当している。基礎講座は、加害行動変化のための治療教育の基礎となる知識を学習するグループである。テキストが用意されており、以下の四つの単元について、学習し、グループで分かちあう。

第一回・四つの壁とグッドライフモデル、第二回・性加害行動を支える「思考の誤り」、第三回・犯行パターン、第四回・被害者の視点である。グループをリードする心理師としては、性暴力行動の理解と介入の基礎について十分に理解している必要がある。

加えて、基礎講座でのグループ体験が参加者にとって初めてのグループ体験であることも多いので、肯定的な体験とすることがスタッフの重要な役割と責任になる。グループに参加する前は、人前で話すことや他の性暴力行動を行った男性たちと輪になって座ることに抵抗感を抱く人も少なくない。メンバーがグループ内で安全で安心であると感じ、共感を分かちあい、凝集性を高め、視野を広げていく場にしていくには、実際にはさまざまな洞察と実行力、スキルを必要とする。個別面接が単なる雑談と異なることは心理師であれば十分理解しているであろうが、ことグループとなると、集めて話をさせればグループだという程度の理解しか持っていないように感じることも残念ながら多い。グループ療法や治療共同体サークル、自助グループといったグループ・アプローチについて知り、研鑽することが必須である。

多職種との連携について

ソーシャルワーカーとの連携

もふもふネットでは、ソーシャルワーカーも心理師と組んでグループをリードしている。司法領域では、司法と福祉の連携が高齢受刑者・障がいのある受刑者の出所支援などで熱心に進められているが、性犯罪行動の場合、比較的若く仕事もできる人たちで、生活上の困難を抱えることが他の受刑者より少なく、福祉的な対応よりも性暴力行動を手放すためのプログラム実施に重点を置くべきであることが多いように思う。

発達障がいを疑われたり、診断されている少年は珍しくないが、家族もしっかりしていることが多く、本人に対して伝え方の工夫が必要なだけで、学ぶべき内容等には変わりがない。とはいえ、伝え方に習熟している発達障がい・知的障がいに造詣の深いリーダーのグループに、そうした人たちは参加してもらっている。

しかし、少年院仮退院者の学習支援では、社会に戻って福祉的支援の手続きを実施しなければならない場合もあり、特にそこをワーカーに負っている。今後コミュニティの中で非行・犯罪行動のある人たちを支援していく場合、コミュニティとの連携・協働が不可欠であり、そうした動きが苦手な心理師である筆者としては、刑務所出所者の支援を定着支援センターで長く実践してきたもふもふネットのワーカーの益子千枝さんを通して、コミュニティとのつながりを形成したり、動き方を学んでいるところである。ワーカーとの連携・協働は不可欠である。

内部のワーカーだけではなく、地域の非行少年の支援を行っている公的機関のワーカーと情報交換を行うこともある。児童福祉であれば一八歳、司法であれば二〇歳で支援が途切れるので、次につなげたいというニーズがあるように思われる。

弁護士・医師との連携

司法領域は弁護士との連携が多い。特に裁判前などには、情状酌量の一資料として「意見書」の作成を求められることも多い。熱心な弁護士が、もふもふにコンサルテーションをうけに来ることもある。こちらも供述調書などを弁護士を通して確認できるのでありがたい。

時に情状証人としての出廷を求められることもあるが、意見書は書いたとしても出廷は引き受けていない。本人が自身の言葉で述べられるようになることが望ましいし、現実問題として出廷するだけの余裕がない。

もふもふネットで投薬はできないが、性加害行動だけであれば通常服薬は不要である。うつなど精神障害の治療や服薬を要するクライエントも中にはいるが、基本的に独立並行状態である。精神科医療的な問題について疑問が生じた際には、仲間の精神科医に問い合わせることができる。

司法領域でのコミュニティにおける心理師の活動について

大学を卒業して心理師になろうという人や一般の人々にとって「犯罪者」は遠い存在であり、ましてや「性犯罪者」ともなるとモンスターのように恐ろしいもの、自分とはまったく異なる存在と感じられているかもしれない。しかし暴力は、実際には日常生活のそこら中にあるのが現実でもあろう。

もふもふネットの活動で最も意義あるいはやりがいを感じるのは、暴力で人生をめちゃめちゃにされる人を減らせることである。被害者・加害者とその家族といった個々のクライエントはもちろんであるが、社会から暴力がなくなり、人々が対話によって葛藤を解決していけるようになる状態に近づくことは、一人ひとりの人権が尊重され、その生を充実させていける社会になることに直結すると考えている。

刑務所が不要であるとまでは言えないが、現在の刑務所のあり方には疑問を感じることが多い。閉じ込めている間は再犯を防げたとしても、かえってより大きな問題が返ってくるようにも思える。施設に収容しておくには膨大な予算も必要とする。であれば、喫緊の再犯リスクが極めて高い場合以外、社会内で再犯を防止しつつ、犯罪行動を手放していく教育を実施することが、本人と家族と社会にとってよりよい対応であるように思われる。

二〇世紀までは介入によって再犯率を低下させることが難しかったが、今世紀に入って現実に再犯率を低下させると実証された実践が出てきている。それらの実践は、主として心理師とソーシャルワーカーによって実施され、検証され、広げられてきたものである。その結果、欧米では、国家や州などの矯正・保護機関（刑務所、少年院、保護観察所など）で勤務していた心理師やワーカーが、再犯率低下のためのさまざまなプログラムを民間機関として立ち上げ、成果を上げてきた。司法制度においても、単なる処罰のみではなく、治療的司法など、代替司法として、再犯防止教育やソーシャルワークを活用するやり方が求められるようになりつつある。

日本でも二〇一六年に再犯防止推進法が成立して、国や地方自治体で、再犯防止のためのさまざまな施策がとられるようになった。その中で、民間団体と協働して成果を上げていこうとする動きもみられる。刑務所内や社会内での新たな教育プログラムが官民協働あるいは民間への委託によって行われつつある。

本来、犯罪や暴力に社会としていかに対応していくかは「お上（公的機関）」の仕事ではなく、市民の課題であると筆者は考えている。市民が、加害行動を行った者に謝罪・賠償・説明の責任を負うことを求め、それを可能にするように助け、被害者の回復に力を貸す、それが自分たちの社会を守り、安全・安心に暮らすことにつながる市民の責任であると考えている。

〔文献〕

（1）藤岡淳子編著『治療共同体実践ガイド――トラウマティックな共同体から回復の共同体へ』金剛出版、二〇一九年
（2）藤岡淳子「性暴力加害者と被害者が顔を合わせた瞬間…一体どうなるのか」『日本の死角』講談社現代新書、一九一―一九八頁、二〇二三年
（3）藤岡淳子『性暴力の理解と治療教育』誠信書房、二〇〇六年

11

産業保健にしなやかなスキルを

市川佳居
レジリエ研究所

所属先の紹介

名称：レジリエ研究所株式会社
住所：東京都港区西新橋二―三三―四―七〇二
事業形態：株式会社

スタッフ：三〇名（さまざまな働き方を含む）
URL：https://resilielab.org/
設立：二〇一八年

起業に至る経緯

レジリエ研究所では四つのコア事業を行っている。それらは、①レジリエンス、②EAP、③産業保健、④研究である。

レジリエ研究所を立ち上げるきっかけになったのは、二〇一一年の東日本大震災だ。それまで筆者は、EAP（従業員支援プログラム）[1]という、いわゆる労働者のメンタルヘルスにキャリアの大半を費やし、うつ病などのメンタルヘルス疾患にかかって仕事に支障がでてしまった方を元気に仕事ができるようになるよう支援してきた。そのEAP業務の一環として、震災後に東北地方で津波や地震の影響をうけた営業所や工場を訪問して、労働者への心理相談を行ったのだ。その際に、ご自分も震災で大きな影響を受けたに違いないのに、本社から来た支援物資を社員や近隣の住民に配ってまわり、がれきの片づけをされているような非常に元気な被災者の方たちにたくさん出会った。その一方で、ショックで睡眠障害やPTSD（心的外傷後ストレス障害）にかかり、立ち直るのに多くの時間を要する方もいた。

この経験から、筆者は、世の中にはどんな苦境を経験してもうつ病などのメンタルヘルス疾患にかからない人がいるのではないか、もしもそのような人がもっている資質を後天的に身につけることができたら、職場のストレスからメンタルヘルス疾患にかかる方を減らせるかもしれない、と思うようになった。

そこで、筆者と同僚の心理師のチームメンバーとで、そうした資質がどのようなものか調べはじめた。これがレジリエンスとの出会いである。

ちょうど二〇一一年には、カナダの北米EAP協会（EASNA：Employee Assistance Society of North America）とヨーロッパのEAP協会（EAEF：Employee Association European Forum）の二団体の年次学会がテーマにレジリエンスを掲げており、筆者らは二チームに分かれて学会に参加した。そうして、日本に戻ってきてから、レジリエンスという概念を国内に広げるための準備や研究を始めた。勉強すればするほど、筆者はレジリエンスが日本の世の中に必要だと思うようになったのだ。

レジリエンス（resilience）とは、しなやかな強さ、精神的回復力、復元力などとも訳される、挫折や苦境から回復する力のことである。職場などで、いつ降りかかるかわからない想定外の出来事に対し冷静に対処する力、新しい環境や変化、多様な状況に対してしなやかに対応できる力をさす。レジリエンスを兼ね備えた人は、いきいきとしていて、心身ともに健康な状態でいることができ、仕事上での困難や、今まで経験したことがない事態にあたったときでも、うまく乗り越えられる。レジリエンスは、ストレス社会をしなやかに生き抜く上で重要なスキルと言えるだろう。

日本社会は少子高齢化が世界一進んでおり、どの職場も平均年齢が高く、若い人材が不足している。今いる働き盛りの労働者に心身ともに健康で長く働き続けてもらわねばならない。高齢でも、頭はシャープに、働き続けられる健康が今後ますます求められる。

一方、労働力の確保には、多様性にも目配りが必要だ。性別を問わず、多様な人々が働きやすい職場が求められる。外国人、育児を経て再就職した女性、さまざまなジェンダーアイデンティティを抱える人、定年後の再雇用者など、たがいに価値観や言語、生活スタイルなどが違うもの同士が、その違いをリスペクトできる職場でなければならない。

また、コロナ禍に代表されるように想定外の出来事の多発や、デジタル化などによる加速的な変化も進んでいる。気候変動、デジタル化、ＡＩなどのテクノロジーの出現といった、想定外の変化をしなやかに受け入れ、適応していく力が求められいている。

このような時代において、社会や自身の変化をしなやかに受け入れ乗り越えて環境に適応していく、レジリエンスのスキルが重要になる。こうした考えに賛同してくれた仲間と、二〇一八年にレジリエ研究所を起業した。

レジリエ研究所のサービス

アセスメント

オンラインあるいは紙面によるレジリエンス度のアセスメントを提供している。ツールは欧州のEAEF学会で発表をされていた英国のポジティブライブズ社が開発したレジリエンス・アセスメントで、当研究所はこのツールの国内およびイギリス以外の海外における独占使用権を保持している。(2)

研修

レジリエンスを向上するための研修や、職場のメンタルヘルス関連の研修（ストレスマネジメント、管理職のための部下のメンタルヘルスケア、ハラスメント防止研修、マインドフルネス研修、LGBTQを含む職場の多様性研修など）を提供している。

コーチング

レジリエンス・コーチング、ウェルネス・コーチング、ハラスメント防止コーチングなどを提供している。コーチングの手法は、ポジティブライブズ社のエメラルド・ターナー先生にお教えいただいた手法に基づく。ポジティブ心理学をベースに、認知行動療法、マインドフルネス、アメリカのメイヨー・クリニックのウェルネス・コーチングなども取り入れた手法である。

レジリエ研究所のコーチングは、バイオ・サイコ・ソーシャルのアプローチをとっており、人間の心理面だけでなく、睡眠、食事、運動、ホルモン、自律神経、家族関係、キャリアなど、身体面、社会面についても取り入れている。

コーチ養成

レジリエ研究所のメンバーだけでは、普及にも限界がある。専門家を養成して、その方たちにレジリエンスを広めていってもらうほうが世の中のためになるかもしれない。そう考えて、二〇二〇年からレジリエ・コーチ養成講座を毎年行っている。八週間の講義と事例検討会を経て、レジリエ・コーチに認定する。

コーチになった方は、その後、オンライン・コミュニティに入って他のコーチとの情報交換をすることができる。また、レジリエンス・アセスメントの国内での使用資格も得られ、レジリエ研究所のオンライン・アセスメントサイトが利用できる。さらに、コーチング手法について、継続的なアドバイスを受けることもできる。

ＥＡＰ相談

ＥＡＰサービスとされるものは多岐にわたるが、レジリエ研究所が担うのはその一部である。契約企業に一週間に一回など定期的に、公認心理師、臨床心理士、国際ＥＡＰコンサルタントなどの有資格者が出向いてカウンセリングやコンサルテーションを行うかたちである。ＺＯＯＭ等のオンライン会議ツールを使って契約企業の従業員にカウンセリングを行うというパターンもある。企業のリクエストによっては、電話相談やストレスチェックなど大規模なＥＡＰベンダーの選択、導入、および品質チェック（監査）も行っている。

産業保健コンサルティング

産業医を中心とする産業保健体制の構築、産業保健の内部マニュアルの作成、ポリシー作成などのコンサルティングを行っている。筆者は博士号を医学部で取得しており、医学部大学院の専門は疫学、予防医学であった。それもあって、わが国の産業保健の領域でのトップレベルの先生方をアドバイザーに抱えており、産業医、保健師の有資格者も多い。特にコロナ禍においては、産業保健の高いスキルを持った先生方と一緒に、企業のコロナ対策について、いくつものコンサルティングを引き受けた。

わが国には労働安全衛生法という法律が定められており、労働者の安全と健康を守るために企業はこういうことをしなければならないとか、こういうことを努力するべきであるとかといった取り決めがある。代表的なものとして、五〇人以上の従業員がいる職場では産業医を選任しないといけない。産業医は月に一回の職場巡視をして、安全衛生委員会という労働者の健康について話し合う会議に参加する。ちなみに一〇〇〇人以上の従業員がいる事業場の場合は、常勤の産業医を一名置かなければならない。

企業が法律上のコンプライアンスを守り、従業員の健康と安全のために産業保健体制を構築することは重要である。こころと身体はつながっているという科学的エビデンスも増えてきており、こころの健康増進のためには、身体の健康を保つことが大事である。身体的、心理的、社会的に安全な職場が求められている。レジリエ研究所の特徴は、産業保健体制に関し、心身両面にわたって専門家によるコンサルテーションが提供できることだ。

健康経営コンサルティング

経済産業省が推進しているように、業種や職種を問わず企業は健康経営に関し活発な活動を展開している。健康経営とは、企業が従業員の健康管理を経営課題としてとらえ、積極的に改善を図る取り組みのことである。従業員の健康増進を図り、生産性の向上や組織の活性化を狙う。健康経営の実施をコストではなく会社を成長させる投資とみなし、積極的に取り組む企業が年々増加している。経済産業省では、健康経営にかかわる顕彰制度として二〇一四年度から「健康経営銘柄」の選定を行っており、二〇一六年度からは「健康経営優良法人認定制度」を行っている。
レジリエ研究所では、健康経営の取り組みの一環として、女性の健康向上、メンタルヘルス予防、レジリエンス向上などに関するアドバイジングや研修、コンサルテーションを行っている。

研究

筆者は長く労働者のメンタルヘルス向上に取り組んできたが、仕事を始めて一〇年くらいしたときに、自分が行っているカウンセリングや介入方法が本当に正しいのだろうかと疑問を持った。世の中にはこころや身体に対する効果を科学的に証明する方法があり、その方法をしっかりと学び、身につけておくべきであろう、と考えたのだ。修士号は得ていたものの、研究に取り組んでいなければ、どの論文が科学的に信頼できるものなのかもわからない。相談した先生のすすめもあり、縁あって杏林大学医学部大学院の博士課程に社会人入学した。そこで、科学的エビデンスのある論文の見分け方、自分の行っている実践の科学的検証方法を学ぶことになった。

博士課程修了後も毎年一本は新しい研究を行うことにしている。現在、レジリエ研究所では、レジリエンス、ウェルビーイング、マインドフルネス、職場のストレス判定を中心に、測定方法や介入方法の妥当性、信頼性、相関関係、因果関係などについて、継続的に研究を進めている。また、その成果を日本産業衛生学会、日本産業精神保健学会、日本産業ストレス学会、国際EAP協会（EAPA）、およびアジア太平洋EAP円卓会議（APEAR）などで発表をするようこころがけている。学会発表することで、多職種の専門家とのネットワークも広がり、情報交換がすすみ、協働しての仕事にもつながっている。

執筆

本の出版は、自分の活動を世の中のまだ会ったことのない方に知ってもらう大変よい機会になる。筆者はなるべく二、三年に一冊は本を出版するようにしている。今までにかかわった出版物は、レジリエンスやEAP、職場のメンタルヘルスに関するものがほとんどである。初対面の方に名刺代わりに差し上げることもあれば、コラボレーションしたことのある専門家仲間に近況挨拶がわりに送ることもある。

必ずしも本にしなければならないというわけではなく、雑誌に記事を投稿するのでも構わないし、ブログを書くのでもいいだろう。伝えたいことがみつかったならば、執筆をお勧めしたい。

海外邦人へのケア

日本企業は世界のさまざまな国に駐在社員とその家族を派遣している。レジリエ研究所では、企業から依頼を受けて、海外赴任者やその家族に対してメンタルヘルス支援を提供している。赴任先での変化に適応し、赴任業務を達成できるよう、赴任者やその家族に対して、レジリエンスアセスメントツールを用いて検討、支援する。

赴任者とその家族が受けるストレスは、赴任先がどこかによって大きく異なる。

たとえば、ロサンゼルス、ニューヨークなどの北米の大都市は日本食もよく手に入り、日本語を話す医師もいて、土曜日の日本語補習校や全日制の日本学校など子女教育も充実しており、日本人向けの塾や日本人だけのサッカーチーム、野球チームまであり、生活に困ることがあまりない。しいて言えば、ストレスとなるのは駐在員とその家族同士の関係といえるだろう。赴任者仲間と子どもが過ごす学校やスポーツチーム、スーパー、レストランまでが同じなので、上司や同僚とあまり関係がよくない場合、逃げ場がなくなってしまいやすい。子ども同士も、親の職場の上下関係の影響を受けることがある。

一方、赴任先がアジア、東欧、南米など日本人が少ない国や都市で、しかも公用語が英語でない場合、医療、食生活、学校、あるいは大気汚染のような悪環境など、生活上の不便が多く、ストレスを受けやすい。

筆者らが行っているのは、日本からオンライン会議システムを使ってのビデオカウンセリングである。また、年に一回は北米、アジア、欧州等に出張している。海外にいる方のストレスは現場にいってみないとわからない部分が多々あるからだ。訪問先で契約先企業の日本人社員にコンサルテーションを提供したり、日本人会や商工会議所にアレンジを頼んで、その地域の海外邦人へレジリエンス講座を開いたりしている。

国内の外国人へのケア

当研究所には、筆者も含めて海外の心理系の大学院を卒業し現地で臨床的訓練を積んだ者が何人かおり、日本国内で暮らす外国人に英語でのカウンセリングを提供している。

注意していただきたいのは、英会話ができてもカウンセリングができるわけではないという点だ。外国人へのカウンセリングには、クライエントが自分の気持ちを話しやすくなる開かれた質問や、共感を示す言葉、非言語的ニュアンスを理解する異文化コミュニケーションといったさまざまな技術の習得が求められる。英語でのカウンセリングの経験がないカウンセラーは、まずスーパービジョンを受ける必要がある。

ちなみに筆者は、セラピストの訓練のため、米国での修士卒後の二年間、現地で週に一時間の一対一でのスーパービジョンを受け、月に二回のグループでのスーパービジョンを受けた。もちろん、すべて英語である。

起業するときのステップ

起業には会社登記の必要があるが、本を読んで自力で行うよりも、税理士や司法書士に頼んだほうが早いし間違いがない。餅は餅屋とはよくいったもので、事務手続きはその道の専門家に任せ、自分たちは公認心理師という専門性に時間を費やすべきだ。

筆者はこれまで四つ会社を立ち上げた経験がある。一社めはビジネス・パートナーと二人で本を読んで起業したが、ルールに従うための事務作業でミスを重ね、起業までに非常に時間がかかった。その経験から、その後は専門家に任すようにしている。

起業にあたっては、有限会社、合同会社、株式会社、NPO法人、一般社団法人などの事業体を決める必要がある。筆者の顧客は主に企業であり、一般市民は少ない。そこで、企業との契約締結で求められる機会が多いという理由から、株式会社にした。株式会社は複数の株主や監査役が入り、独りよがりの経営を許さない牽制機能がある。逆に言えば、経営者の思いどおりに事業決定できるとは限らない。どういう事業体にするかは慎重に決めるようにしたい。

銀行口座の開設も必要になるが、筆者の場合、企業契約が多いことから、企業の信頼を得やすいメガバンクで開設し、その後、オンライン決済や海外からの支払いのやり取りなどで小回りが利きやすい銀行とも取り引きするかたちになった。

オフィスをどこにするか、どのような大きさにするかも決める必要がある。これを考えるのは起業の楽しい部分かと思う。レジリエ研究所の場合、企業の本社が集まっている東京二三区内にした。

ちなみに、レジリエ研究所を立ち上げたときには、直後に『職場ではぐくむレジリエンス』という本を出版し、記念パーティを開いた。パーティには一緒に仕事をする、心理職、産業医、企業の経営者、人事、保健師、出版社の方たちが参加してくれて、職種や所属を超え、今後、レジリエンスを世の中に普及していきたいという私たちの思いを伝えることができた。

スタッフの資格と経験

当研究所のスタッフがこの仕事をするうえで必要なスキルを得るために行った経験や研修、持っている資格を紹介しよう。

国際EAPコンサルタント（CEAP）

ＥＡＰの国際的スタンダードを学び、また、ＥＡＰのコアテクノロジーという必須のスキルを身に着けることができる資格制度。日本語で国内で受講、受験することができる（https://www.EAPatokyo.org/)。

レジリエ・コーチ

レジリエ研究所主催のレジリエンス専門家養成講座。レジリエンス・アセスメントを使用して、クライエントのレジリエンス向上のためのコーチングや研修の方法を八週間のコースで学ぶ。その後、事例検討会を経て、資格付与となる。

EAPにおける経験

ＥＡＰカウンセリングを行うには、少なくとも三年間の常勤のＥＡＰ業務経験があると、働いている方向けのカウンセリングで遭遇するケースの大半を経験することができるだろう。

企業における心理相談の経験

企業内の相談室や健康管理室でカウンセリングをしたり、ハラスメント相談室で相談を受けたりという経験は、働いている人の視点や経営・人事側の視点を知ることができて貴重である。ただし、あまり同じ企業に長くいると、経営・人事側の視点に染まる方もいるので、外部に出る経験も大事であろう。

企業における産業保健職としての経験

医師や看護師、保健師の資格を持っている方であれば、企業内の産業保健のスタッフを務めるのは、従業員のメンタルケアやレジリエンス向上のためのコーチングのためにとてもよい経験になる。

海外での心理職としての資格および経験

筆者は米国で修士号を得た後に、五年間ほど現地の臨床現場にいたことから、向こうの体制もよく知っている。米国では、心理関係の大学院を修了後に、最低二年間は経験のあるセラピストのもとで働きながらスーパービジョンを受け、下積みをした後にのみ、ライセンス試験が受けられる。訴訟社会なので、臨床家としての倫理、クライエントや社会への説明責任についてもしっかりと教育される。一方で、外国人でも、大学院を出ていれば数年は就労ビザが下りて、働ける社会環境にある。若い方、学費が出せる方、日本を少し離れても大丈夫という方は、トライすることをお勧めしたい。イギリス、欧州、カナダ、オーストラリアで資格を得て帰国した方もいると聞いている。

ITスキル

クライエント記録は電子化されるべきだろう。記録がウイルスなどに感染しないよう、ウイルス対策ソフトも常にアップデートしておく必要がある。他にもクライエントとのオンラインでの会議や、予約システムのオンライン化、オンライン決済への対応など、とにかくＩＴスキルが求められる。

当然ながら、臨床家である私たちのほとんどは、ＩＴスキルが普通かそれ以下である。ＩＴが苦手な場合、外部の専門家に業務委託するのがいいだろう。デジタル化がすすむと、何よりクライエントが便利に感じてくれる。それはこちらにとっても嬉しいことだ。

言語スキル

日本語以外に少しでも他の言語ができると、クリニックや企業からのケースの紹介がとても増える。自分自身が話せなくとも、外国語ができるカウンセラーと提携することや、レアな言語の場合にＡＩ翻訳をうまく利用することで、クライエントにサービスを提供するといった方法もある。そうなれば、事業の拡大にもつながるし、レジリエンス度も向上するだろう。

事務、管理、経理スキル

細かいようだが、これは本当に必要になる。秘書スクールや簿記スクールに通うまでもなく、最近はオンラインで、いろいろな講座が提供されている。筆者は「七つの習慣」という研修に昔でたことがあるが、自分の時間を効率よく管理する手法を学ぶよい機会になった。

開業して余裕ができたら、事務作業能力の高いアシスタントを雇うのもよいだろう。日本には、子育てのために仕事を中断した能力の高い女性がたくさんいる。そうした方々に在宅勤務をお願いしてもよいのではないか。

レジリエ研究所では心理師、看護師、ソーシャルワーカー、医師、プログラマーなど多彩な専門職の方に参加してもらっているが、住まいや育児・介護の関係で、在宅勤務でのみ働いている方も多くいる。

コミュニティの中で活動している際に大事にしていること

レジリエ研究所は、高度な専門スキルをもつ産業医、精神科医、心理職、保健師、看護師等の専門職の方たちが、それぞれの才能とスキルを発揮できる場でありたい。また同時に、彼らが集まるほっとするコミュニティを作りたいと思っている。

最近では勤務先を二ヵ所以上持っているかたも多い。レジリエ研究所でも、仕事の合間に立ち寄って、コーヒーやお茶を飲みながら、興味を持っている研究やテーマについて意見交換をしているといったことが少なくない。最近でも、こうした場から、週末にマインドフルネスのリトリートを提供する泊まり込みのヒーリングイベントというアイデアが持ち上がり、実行に至った例があった。このように、レジリエ研究所を専門職が集まるクリエイティブでほっとする空間、サロンのようなコミュニティにしていきたい。

また地域コミュニティへもレジリエンスを広げていきたいと考えている。レジリエンスのスキルは働く人だけではなく、将来の労働者である子ども、その子どもたちを養っている親にも必要になる。学校や教育委員会、教員の学会などから講演を依頼されることもあり、大学生のレジリエンス育成も進めているところだ。

未来の公認心理師へ

最初の三年間は給料の金額ではなく、スーパービジョンの質で就職先を選べ

働いている人へのカウンセリングやグローバルな会社で働く人へのカウンセリングはニーズが多く、今後も増え続けるだろう。職場はいま大きな変化にさらされており、またインターネットのおかげでどこにいても仕事ができるようになって国際的に行き来する人材も増えている。そのため、さまざまなストレスが絶えることはない。

残念ながら、公認心理師の資格をとっても、産業分野に対するカウンセリングのスキルがすぐに身につくわけではない。産業心理は、ややアドバンスな領域だからだ。まずは公認心理師にとって共通する重要なスキルを磨くことを勧めたい。それは、バイオ・サイコ・ソーシャル・アセスメントと、ケース・マネジメント、つまり関係者との連携スキルだ。公認心理師になりたての三年間はこうした土台となるスキルをしっかりと養うため、よいスーパービジョンが受けられる職場に就職するのがよい。病院、クリニックなど多くの心理師や精神科医がいる場所はスーパービジョンを受けられる機会が多いだろう。

自分もカウンセリングを受ける

カウンセラーになると、クライエントのさまざまな悩みを受け止めるため、逆転移といって、時にはクライエントの悩みにカウンセラー自身が大きく心理的に巻き込まれたり、落ち込んだりすることもある。経験のあるカウンセラーは、クライエントの話をききながら、自分の内的反応に即時に気づき、自分がクライエントに巻き込まれないように気をつけたり、逆に自分の個人的な課題やニーズがクライエントに悪影響を及ぼさないようにしたりするスキルを持っている。そういう上級者になるためには、自身もカウンセリング、心理療法等を受けることが必須と筆者は考える。

自分の人生が今までどんなだったのか、どのようなに課題を乗り越えてきたのか、解決し損ねている課題はなんなのか、コンプレックスはどうなのか、どんな人が苦手なのか、男性、女性、ＬＧＢＴＱの方に対する態度はどうなのか、年齢によって差別をしていないか、アルコール依存者についてどう感じるのか、児童虐待する親に対してどう思うのかなど、さまざまな角度から自分を分析したい。人によっては、三年、一〇年と心理療法を続ける方もいるが、少なくとも一年受けていただければ、自分についての理解を深め、クライエントに対して客観的に接し、その悩みに共感を示すことができるようになるだろう。

レジリエントに仕事をする

公認心理師になった直後に、労働者や海外赴任者といった方のカウンセリングにかかわることはまずないだろう。だが、人生では突然、そうした方にかかわる機会がめぐってくることがある。そうしたときに、新しいことだから、自分には経験がないから、他の仕事で忙しいからといって断るようなことはせず、こうした方にかかわるにはどのような知識やスキル、訓練が必要だろうかと考え、変化を受けいれて、ぜひチャンレジしてほしい。自身のレジリエンスを通じ、クライエントのレジリエンスの向上を促し、クライエントのポジティブな変化を後押しできる、素晴らしい心理師になってもらいたい。読者の皆様の今後の活躍に大変期待している。

（1）ＥＡＰ（従業員支援プログラム）とは、働いている方の問題解決支援のプログラムで、心理的問題、家族・人間関係などの社会的問題、病気や睡眠障害などの身体的問題、依存行動などの行動的問題など広い分野を含む相談を従業員やその上司や人事、あるいは産業医から受け、職場で働く人が問題を解決して、心や身体が健康な状態で職場に生産的に貢献し続けられることを支援することを目的としている。ＥＡＰ専門家は、臨床心理士、公認心理師、精神保健福祉士、産業カウンセラー、保健師、精神科医などの有資格者で、かつ、ＥＡＰに関する教育を受けている。

（2）レジリエンス・アセスメント https://resilie.co.jp/dia/public/?lang=ja

〔文献〕

レジリエ研究所の活動をもっと知りたい方へ

松井知子、市川佳居編『職場ではぐくむレジリエンス―働き方を変える一五のポイント』金剛出版、二〇一九年
市川佳居、廣尚典、阿久津聡、西川あゆみ編『健康経営を推進する職場のためのＥＡＰハンドブック』金子書房、二〇二三年
荒木葉子、市川佳居編著『働く女性のヘルスケアガイド―おさえておきたいスキルとプラクティス』金剛出版、二〇二三年
大西守、廣尚典、市川佳居編『〔新訂版〕職場のメンタルヘルス一〇〇のレシピ』金子書房、二〇一七年
市川佳居『ＥＡＰ導入の手順と運用』かんき出版、二〇〇四年

あとがき

本書を手にしてくださっているのはどんな方だろう。公認心理師を目指す大学生、大学院生の方が多いだろうか。こころのケアやメンタルヘルスに関心を寄せる一般の方にもぜひ読んでいただきたい。本書に満ちているのは、みなさんのすぐそばにいる、まちの心理師の肉声である。

臨床心理士制度が整備された一九八〇年代後半から、都市部では、心理士による私設心理相談機関が着実に増えていった。また昨今のインターネット・SNSの普及により、一般市民に向けて心理療法・心理カウンセリングに関する情報を活発に発信する開業心理士も増えた。公認心理師誕生後は、それぞれの相談機関に特化したアプローチが、それらをもっとも必要とする対象者に届くよう、広報活動に注力する心理士が多くなった。

一方、開業心理臨床の多岐にわたる実践について一望できる参考書はこれまでなかったように思う。

公認心理師が働く主要領域は、医療・教育・産業・福祉・司法の五つとされており、養成大学院では各領域に対応した実習を整備している。しかし開業領域はカバーされていない。そこで編者たちは、大学院の教育課程から抜け落ちている第六の領域、開業心理臨床の実際と今後の展望を紹介する参考書の出版の必要性を感じたのである。まちに根をはり、とけこみ、市民のメンタルヘルスに関するニーズをいち早く察知し、心理支援をカスタマイズする。徹底的に市民に寄り添った心理支援はどのように可能となるのか、開業領域の最先端で活躍する精鋭公認心理師たちにそのエッセンスを語ってもらった。

著者たちの発想の柔軟さ、プロデュース力、機動力の高さには驚くばかりである。刺激的であった言葉をいくつか引く。

「うまくいかなければやめたらよい。一時休止するでもよい。何がよくなかったのかを明確にして、再挑戦すればよい。私はそのように考える。大事なのは経営そのものではなく、自分が誰のために、どんなニーズにこたえるためにそれを行っているのか、もしくは行いたいのか、である」（一章・小林氏）

「まちにとけこむには、あくまで一人の人間として自身に何ができるかに真剣に向き合い、その枝葉としての心理師の持つ知見を活用することである。人の輪の中で話を真摯に聴き、謙虚な

姿勢を持つことが大切であると考える」（五章・井利氏）
「人々の日常生活の中に当たり前に存在するもの、そこに『ある』ことも大切である。こころになんらかの課題が生じる前にリーチしていくこと、『ある』ものに手を伸ばしてもらうことができるような形にかえていくことが、これからの公認心理師には求められているのではないか」（六章・宮崎氏）
「なんらかの支援の意図をもってまちにとけこもうとすれば疲弊し弱ることは必然であり、こころが弱って傷つくのは必死にやってきた証であるのだと前向きに考えるように努めた」（七章・松岡氏）

確固たるポリシーと覚悟に裏打ちされた心理支援の実際を語る言葉はまだまだある。読者がそれぞれの胸に響く言葉を発見されるであろう。

専門職として心理職は後発である。隙間産業と言われる。だから既存の組織の中で独自の専門性が認められにくい、だから常勤職が少ない、だから待遇が悪い……嘆きの声が聞かれて久しい。しかし、先陣を切ってまちにとけこんだ著者たちの道のりは、これから公認心理師を目指す次世代を大いに勇気づける。開業心理臨床は、今、ポテンシャルのもっとも高い、ホットな領域なのである。

本書の企画が持ち上がったのは二〇二二年九月であった。それから出版までの短期間に順調に編集作業が進行したのは、ひとえに日本評論社の小川敏明氏の迅速かつ的確な仕事に支えられてのことである。氏に深く感謝申し上げる。

二〇二三年一〇月

遠藤裕乃

松岡恵子（まつおか・けいこ）
蒲田寺子屋

黒沢幸子（くろさわ・さちこ）
KIDS カウンセリング・システム

窪田由紀（くぼた・ゆき）
福岡ジェンダー研究所

藤岡淳子（ふじおか・じゅんこ）
もふもふネット

市川佳居（いちかわ・かおる）
レジリエ研究所

◎執筆者一覧

津川律子（つがわ・りつこ）＝編者
日本大学文理学部教授

遠藤裕乃（えんどう・ひろの）＝編者
兵庫教育大学大学院学校教育研究科教授

小林奈穂美（こばやし・なおみ）
カウンセリングルームさくら

萩原幹子（はぎわら・みきこ）
黒川由紀子老年学研究所

黒川由紀子（くろかわ・ゆきこ）
黒川由紀子老年学研究所

田中ひな子（たなか・ひなこ）
原宿カウンセリングセンター

田尾有樹子（たお・ゆきこ）
巣立ち会

仁木富美子（にき・ふみこ）
巣立ち会

大平道子（おおひら・みちこ）
巣立ち会

井利由利（いり・ゆり）
公益社団法人青少年健康センター茗荷谷クラブ

宮崎圭祐（みやざき・けいすけ）
株式会社サイクロス

まちにとけこむ公認心理師《こうにんしんりし》
——ひろがる心理支援《しんりしえん》のかたち

2023年11月1日　第1版第1刷発行

編　者　津川律子《つがわりつこ》・遠藤裕乃《えんどうひろの》
発行所　株式会社 日本評論社
〒170-8474 東京都豊島区南大塚3-12-4
電話 03-3987-8621［販売］
-8601［編集］
振替 00100-3-16
印刷所　港北メディアサービス株式会社
製本所　井上製本所
装　幀　図工ファイブ
検印省略

ISBN978-4-535-56423-7